열반경

涅槃經
by TAMURA Yoshiro

열반경

초판 1쇄 발행 | 1976년 4월 5일
개정 초판 1쇄 발행 | 1991년 5월 15일
개정 2판 1쇄 발행 | 2001년 4월 20일
개정 2판 5쇄 발행 | 2021년 12월 10일

지은이 | 다무라 요시로
옮긴이 | 이원섭
펴낸이 | 조미현

펴낸곳 | (주)현암사
등록일 | 1951년 12월 24일·제10-126호
주소 | 04029 서울시 마포구 동교로12안길 35
전화 | 365-5051·팩스 | 313-2729
전자우편 | editor@hyeonamsa.com
홈페이지 | www.hyeonamsa.com

ISBN 978-89-323-1104-3 03220

열반경

다무라 요시로 지음 · 이원섭 옮김

현암사

■ 지은이의 말

현대는 기계 문명의 지나친 발달로 말미암은 인간 상실의 시대이며, 매스컴 문화의 거대한 기구가 판을 치는 자기 상실의 시대라고 한다. 인간의 재발견, 자기의 재인식을 부르짖는 까닭이 여기에 있다. 불교 경전 중에서 이런 문제에 대한 대답을 찾는다면, 먼저 『열반경』에 주목해야 되리라.

『열반경』은 소승 열반경과 대승 열반경으로 나누어진다. 소승 열반경은 석가의 죽음을 중심으로 하여 그 전후의 경과를 서술한 것이요, 대승 열반경은 석가의 죽음을 발판으로 하면서 그것을 넘어 영원의 문제를 밝힌 것이다. 둘을 합쳐서 '죽음과 영원에 대한 가르침' 이라고 말할 수 있으리라. 그리고 이것이 결국은 인간 존재의 해명이 되고, 인간성의 발견이 되는 것이리라.

소승 열반경은 석가의 죽음을 통하여 인생의 무상과 인간이

'죽음에 이르는 존재' 임을 밝힌다. 그리고 이런 무상과 죽음에서 눈을 떼지 않고 투철하게 관찰함으로써 인생에 대한 집착을 끊고, 유전(流轉)하는 인생에서 흔들림이 없는 자기를 확립할 것을 권한다. 말하자면 인생에 대한 부정과 초월 위에 자기를 확립하라는 주장이다. 이에 대해 대승 열반경은 석가의 죽음이 사실은 영원 속에서 일어난 한 현상이며, 석가는 본래 '영원한 존재' 임을 주장한다. 그것을 통해 무상한 듯이 여겨지는 인생과 죽음에 이르는 인간이 사실은 영원의 품 안에 있으며, 또 영원은 그 속에 충만하다는 것을 보여 준다. 그리하여 자신 안에 있는 영원한 자기를 깨닫고, 그것을 살려 가라고 권한다. 말하자면 인생에 대한 부정적 · 초월적인 자기 확립에서, 긍정적 · 내재적인 자기 확립으로 전환한 셈이다. 인생의 현실을 그대로 둔 채 자기를 확립하려는 태도이다. 대승 열반경은 이로부터 다시 인생을 어떻게 살아갈 것인지, 어떻게 살려 가야 할 것인지를 구체적인 보기를 들어 가며 가르친다. 그런 의미에서 대승 열반경은 인생이 무엇이고, 인생은 왜 존재하며, 인생을 어떻게 살 것인지를 탐구하는 데 크게 이바지하는 바가 있다고 하겠다.

소승 열반경은 팔리 어로 된 『마하 파리닙바나 스탄타』가 있는데, 한역으로서는 『유행경(遊行經)』이 그에 해당한다. 그리고 몇 가지 이역이 있다. 대승 열반경에는 『대반니원경(大般泥洹經)』 6권 · 『대반열반경』 40권 13품 · 『대반열반경』 36권 작품이 있다. 둘째 열반경은 북쪽에서 번역되었으므로 '북본(北本)', 셋째 열반경은 남쪽에서 번역되었다 하여 '남본(南本)' 이라 부른다. 이 남본은 첫째와 둘째 열반경을 정리 · 통합하여 이룬 것이다. 25장으로 되어 있으며, 본서에서는 이 남본 열반경을 따른다. 이 밖에도 몇 가지 관련 경전이 있는데, 몇 해 전에는 산스크리트로 된 것도 그 단편이 발견되었다.

독자의 이해를 돕고자, 본서에서는 먼저 소승 열반경을 다루고 나서 다음에 대승 열반경으로 옮아가는 방법을 택했다. 다만 대승 열반경은 방대한 분량 속에 불교의 여러 사상을 집대성한 경전이라고 볼 수 있으므로, 그 사고 방식의 기본형을 우선 파악해 둘 필요를 느껴, 제1장에서 그것을 해설해 놓았다. 그러나 개념적인 파악에 흥미가 없는 독자는 제2장부터 읽어 가고, 제1장은 마지막으로 돌려 이해의 정리에 이용하는 것도 무방하겠다.

대승 열반경은 당시까지 있던 불교 안팎의 온갖 사상을 거의 다 흡수하여 비판할 것은 비판하고, 통합할 것은 통합함으로써 이루어졌다. 따라서 기초적인 여러 용어와 관념에서부터 발전한 술어에 이르기까지 모두를 망라한 느낌이 없지 않다. 본서에서는 그런 용어와 관념을 등한히 하지 않고 될 수 있는 대로 해설을 베풀었다. 그리하여 이 책을 읽으면 불교의 사고 방식, 불교 사상의 발전 과정, 주요한 불교 술어가 일단 해득되도록 마음을 썼다. 그런 까닭에 때로는 지나치게 이론에 치우친 경향도 있거니와, 독자의 양해를 구하는 바이다.

다무라 요시로(田村芳朗)

4 영원한 존재와 인간계

5 영원 활현의 인간계

1. 열반의 기초

열반과 죽음

열반의 의미

『열반경』의 정식 이름은 『대반열반경』이며, 산스크리트의 『마하 파리니르바나 수트라』, 팔리 어의 『마하 파리닙바나 스탄타』를 번역한 것이다. 그 중에서 '대'는 mahā, '경'은 sātra의 의역이요, '반열반'은 parinirvāṇa의 음을 나타낸 것이어서 이른바 음역이다. 열반은 '니원(泥洹)'이라고도 음사되므로 『대반니원경』이라고 한역된 적도 있다.

그러면 '반열반' 또는 '반니원'이라 음사된 '파리니르바나'의 뜻은 무엇일까. '파리'는 '완전'이라는 뜻이어서, 그 의미를 취했을 때는 '원(圓)'이라는 한자가 쓰이었다. '니르바나'의 '니르'는 부정사요, '바나'는 "불다"의 뜻이므로, '니르바나'는 "불어서 끈다"는 뜻이 된다. 즉 타오르던 번뇌의 불꽃이 꺼지고 없어졌음을 나타낸 것이어서, 그 뜻을 취해 '멸(滅)'·'적(寂)'·'적멸(寂滅)' 등으로 번역되기도 한다. 여기에 '파리'가 붙으면 '원적(圓寂)'이 되고, 다시 '마하'가 덧붙으면 '대원적'으로 표현된다.

이와 같이 '니르바나(열반)'와 이를 강조한 '파리니르바나(반열반)'·'마하 파리니르바나(대반열반)'는 타오르던 번뇌가 소멸된 것을 뜻하므로, 이것은 바로 고요한 '깨달음'의 경지를 나타낸 셈이 된다. 그러기에 불교의 근본적인 특색을 표방하는 기치, 이른바 법인(法印)의 하나로 치기에 이르렀다. 삼법인 내지 사법인이 그것이어서, 삼법인이란 제행 무상(諸行無常)·제법 무아(諸法無我)·열반 적정(涅槃寂靜)이며, 사법인이라 할 때는 이것에 일체 개고(一切皆苦)가 덧붙는다.

석가의 죽음

그런데 니르바나(涅槃)에 대해 이상과 같은 설명으로는 해결되지 않는 문제가 생겼다. 그것은 니르바나가 죽음과 결부되어 이해되었기 때문이며, 이것에는 석가(Śakya)의 죽음이 큰 동기가 되었다. 일반적으로는 오히려 이 '죽음' 쪽의 니르바나가 더 알려져 있다고 할 수 있을 터이다. 이를테면 니르바나에 드는 것을 '입멸(入滅)'이라고도 하거니와, 입멸이라 하면 석가의 죽음을 연상하게 된다. 또 '열반회(涅槃會)'는 석가를 추모하는 법회요,

'열반상(涅槃像)'은 석가가 임종에서 누워 있는 상(像)이기 때문이다. 또 파리니르바나(반열반)라는 말은 주로 석가의 죽음을 가리키는 뜻으로 쓰이고 있다. 왜 이처럼 니르바나가 죽음을 뜻하게 되었을까.

먼저 떠오르는 것은 석가의 죽음이 제자와 신자들에게 큰 충격을 줌으로써, 그들을 당황케 했을 것이라는 사실이다. 그리하여 니르바나와 죽음을 연결시키는 것에 의해 이런 의혹을 풀려고 한 것은 아니었을까. 어떤 의혹이었느냐 하면, 진리를 깨달아 완전하고 영원한 존재가 된 붓다(buddha) 석가가 왜 여느 사람과 마찬가지로 병들어 죽지 않으면 안 되었나 하는 문제이다. 이런 의문은 붓다의 뛰어난 인격을 통해 그 가르침(法)을 받들어 오던 제자와 신자들에게는 무리가 아니고, 그만큼 심각했을 것으로 보아야 되겠다. 석가가 돌아가자 그들은 머리카락을 흩뜨리고 팔을 휘저으면서, 왜 이 세상에 머물러 주시지 않는 것이냐고 울부짖었다는 이야기가 『열반경』에 보인다. 그러나 아무리 슬퍼하고 탄식한다 해도, 석가의 죽음은 어쩔 수 없는 현실임에 틀림없었다. 그러기에 제자나 신자 중에는 비탄과 회의에 빠진 나머지, 인생에 대해 절망한 사람도 있었을 터이다. 대부분의 사람들은 석가의 유물 · 유법(남기신 가르침)을 통해 석가를 살아 계시는 듯 추모하기에 이르렀다. 또 그것으로 만족할 수 없는 사람들은 석가를 대신할 새 붓다를 구하기도 했다. 한편 석가 자체는 어찌 되었을까, 죽음에 의해 무로 돌아갔을까, 아니면 무상 · 유한한 이 세상으로부터 해방되어 영원 · 무한한 저 세상에 살게 된 것일까 하고 생각하는 사람도 나타났다.

두 가지 열반

이로부터 니르바나가 죽음과 결부되기에 이르렀다. 즉 석가는 깨달음을 얻어 영원한 존재인 붓다가 되고 영원의 세계인 니르바나를 획득했다. 그러나 육체는 아직도 남아 있었으므로 육체의 유한성은 벗어날 수가 없었다. 말하자면 그 니르바나는 제거해야 할 것이 남아 있는 '불완전한 니르바나(有餘涅槃)' 일 수밖에 없었으며, 죽음에 의해 비로소 육체로부터 해방되어 제어할 것이 남지 않은 '완전한 니르바나(無餘涅槃)' 에 들어간 것이라고 해석한 것이다.

석가는 깨달음을 얻음으로써 정신은 현세(現世)를 이탈했지만, 육체가 있는 한 육체의 한계와 욕구를 면할 수는 없는 것이어서, 음식도 먹고 병도 들고, 마침내는 죽음에까지도 이르게 되었으며, 그 죽음에 이르러 비로소 완전히 현세를 벗어나서 영원한 니르바나의 세계에 들어갈 수 있었다고 본 것이겠다.

죽음과 영원

인간의 이중성

우리는 왜 죽음을 두려워하고 슬퍼하는 것일까. 그것은 언제까지나 살고 싶은 우리의 소망을 죽음이 방해하는 까닭이라고 생각된다. 죽음은 영생(永生)을 가로막는 악마라 할 수 있다. 사랑하는 사람을 죽음에 의해 빼앗긴 사람이나 스스로 죽음에 직면하고 있는 사람에게는 죽음이야말로 악마처럼 생각될 것이다. 경전에도 '사마(死魔)'라는 말이 보인다. 동서 고금을 막론하고 모든 종교는 이 죽음의 문제를 해결함으로써, 우리를 죽음의 공포로부터 어떻게든 해방시키려 노력해 왔다고 말한대도 결코 지나치지 않을 것이다.

그런데 우리가 영생을 바라면서도 한편으로는 죽음과 맞서 있다는 사실은 우리네 인간이 죽음과 영원의 이중 구조로 이루어진 존재임을 말해 주는 것이겠다. 즉 우리의 이상은 영원 불멸하는 세계에 있건만, 인간의 현실은 변화 무쌍의 세계임을 부정할 수 없는 데에 우리의 비극이 있는 것이라고 말할 수 있으리라. 그러므로 영원이니 영원의 세계니 하는 것은 무엇이고, 있다면 어디에 있으며, 그리고 그것이 우리의 현실 세계와 어떻게 다르고, 어떤 관계에 있을까 하는 일들이 문제가 되지 않을 수 없다.

이에 대해서는 서양에서나 동양에서나 몇 천 년 전부터 여러 가지로 사색되어 왔다. 재미있는 것은 인도에 석가가 나타난 기원전 5세기 전후의 시기이다. 이 무렵, 그리스에서는 서양 철학의 시조라는 소크라테스와 플라톤이 활약하였고, 중국에서는 공자와 노자가 나타났기 때문이다. 그러나 이것은 우연으로 돌릴 수도 있으리라. 우리가 정녕 놀라게 되는 것은 석가가 태어났을 때, 인도 사상계에는 영원의 세계와 현실계의 문제에 관해 생각할 수 있는 온갖 생각이 거의 다 갖추어져 있었다는 사실이다. 석가는 이런 사상들을 비교 · 검토한 끝에 자기의 사상 체계를 정비 · 수립해 간 것이어서, 불교가 심원한 사상 · 종교가 될 수 있었던 바탕에는 그런 시대적 상황이 크게 작용했음을 잊어서는 안 되겠다.

일원론과 이원론

영원한 세계와 현실 세계가 어떻게 다른지에 대해 인도의 여러 사상이 표명한 견해에는 많은 공통점이 발견된다. 서양에서도 그렇지만 현실 세계에는 잡다 · 차별 · 유한 · 변화 · 쇠멸 · 죄고(罪苦) · 물질(육체) 따위가 배정되는 데 대해, 영원의 세계에는 순일(純一) · 평등 · 무한 · 불변 · 정복(淨福) · 정신(영혼) 따위를 해당시켰다. 이 두 세계의 관계에 대해서는 일원론과 이원론으로 나눌 수 있을 것이다. 일원론이란 현실 세계를 영원의 세계의 표현으로 보는 견해이며, 이원론은 두 세계가 전혀 별개의 것이라고 주장하는 입장이다.

인도에서는 정통 사상으로 간주되는 바라문(婆羅門)의 철학 · 종교에 일원론이 보인다. 그들은 우주의 최고 원리로서 '브라만(梵, brahman)'을, 개인의 중심 원리로서 '아트만(我, ātman)'을 내세웠다. 그리고 이 두 가지는 원래 같은 것이며(梵我一如), 순일(純一) · 정복(淨福)의 정신계인바, 현실 세계의 모든 현상은 다 그 나타남이라 했다. 그러나 이 일원론에는 의문이 제기되었다. 그것은 순일 · 정복의 정신계로부터 잡다 · 죄고 · 물질의 현실 세계가 어째서 생겨났느냐는 의문이었다. 이것은 대답하기 어려운 문제임에 틀림없었다. 그래서 이런 잡다 · 죄고 · 물질의 현실 세계는 우리의 무명(無明)[1]에 비친 그릇된 이미지요 마야(幻影, māyā)에 지나지 않고, 참으로 존재하는 것은 순일 · 정복 · 정신의 영원한 세계라 주장함으로써, 이 곤경을 타개하고자 노력하였다.

1) avidyā. 진리를 인식하는 지혜가 결여된 상태, 미혹 · 고뇌와 같은 것.

그러나 이런 생각은 귀족인 바라문에게는 통할지 몰라도, 현실 생활에 쪼들리고 있는 일반인에게까지 통용될 수는 없는 노릇이었다. 그런 사람들에게는 정신보다는 물질이, 영원보다는 현실이 더 무게가 있었을 것은 뻔한 일이다. 그래서 영원과 현실은 아무 관계도 없다는 이원론이 생겨났고, 한걸음 나아가서 현실의 물질 세계만이 진정한 존재라고 내세우는 유물론적 일원론마저 제창되기에 이른다.

영혼과 육체

석가 당시에 정통 바라문의 귀족주의적인 주장에 반대하는 자유 사상가 내지는 신흥 종교가 여럿 있었는데, 특히 대표적인 여섯 가지를 육사 외도(六師外道)라 불렀다. 그 가운데 하나인 자이나(jina)교는 정신(영혼)과 물질(육체)의 이원론을 부르짖어, 영혼(순수 정신)이 육체 속에 갇혀 있는 것이 이 현실 세계라고 주장했다. 그래서 영혼을 육체에서 해방시키고자 단식 같은 것을 해서 육체의 힘이나 욕망을 철저하게 억제하는 방법, 즉 고행(tapas)을 장려했다. 정통 바라문 중에서도 일원론의 모순을 시정하여 이원론을 주장한 삼캬(sāṃkhya) 학파가 있었으나, 그들은 마음을 통일하여 순수 정신(영혼)과 합치하는 방법, 즉 정심(靜心)·수정(修定, yoga)을 권했다. 그러나 육체가 있는 동안은 아무래도 육체의 제약이나 욕망을 벗어날 수 없으므로, 결국 자이나교와 삼캬 학파는 죽어서 육체로부터 정신이 해방되는 것에 의해 참으로 영원 · 지복(至福)의 해탈, 즉 열반의 세계가 나타난다고 주장하기에 이르렀다. 그리하여 살아 있을 때의 깨달음을 '현신 해탈(現身解脫)' 또는 '생전 해탈'이라 부르고, 죽을 때를 '진실 해탈' 또는 '이신 해탈(離身解脫)'이라 하여 구별했다.

역시 육사 외도의 한 사람에 아지타(Ajita Kesakambalin)라는 사상가가 있었다. 그는 참으로 존재하는 것은 물질적 요소와 그것의 집합체인 육체뿐이라 하여, 죽어서 육체가 물질적 요소로 해체되고 나면 정신이니 영혼이니 하는 것은 소멸하고 만다고 주장했다. 결국 죽고 나면 그만이라는 것이어서, 그러기에 이 세상에서 악착스럽게 노력하고 수고해도 아무 소용이 없다는 생각이었다. 그는 중요한 것은 순간순간을 재미있고 즐겁게 사는 것뿐이며, 열반이라 한다면 순간의 쾌락이야말로 그것이라고 역설했다. 이것을 '현재 열반'이라 하거니와, 유물론적인 일원론으로서 찰나적 쾌락주의(順世派)이며, 노력 부정설이라 할 수 있다.

또 고살라(Makkhali Gosāla)는 영혼과 육체의 존재를 인정하기는 했으나, 결국 이 세상은 우리의 노력으로 어찌 되는 것이 아니므로 운명이라 생각하고 체념할 수밖에 없다고 주장했다. 이른바 무인 무연론(無因無緣論)이어서 불교 측으로부터는 '사명 외도(邪命外道)'라는 평을 받았다. 또 산자야(Sañjaya Belaṭṭhiputta)라는 사람은 말을 이리저리 회피하여 명확한 판단이나 대답을 하지 않았다. 즉 회의주의에 빠져 판단을 중지해 버린 것이어서, 미꾸라지처럼 매끈매끈하여 정체를 잡을 수 없다는 평을 들었고, 불가지론(不可知論)이라고도 불리었다.

이 밖에도 선악의 과보(果報)[2]를 부정한 푸라나(Pūraṇa Kassapa)의 윤리적 회의설 내지 도덕적 부정론(不定論)이라든지, 기계적으로 물심의 불변 · 불멸을 주장한 파쿠다(Pakudha Kaccāyana)가 있다. 파쿠다는 사람을 칼로 찔러도 칼은 물심의 여러 요소 사이를 통과한 것에 지나지 않고, 또 그런 요소들은 불변 · 불멸하는 것이므로 살인은 성립할 수 없다고 우겼다.

2) 어떤 행위가 원인이 되어 나타나는 결과. 과 · 보를 분류하는 견해도 있으나, 너무 번잡하므로 생략한다.

불이(不二)의 절대

석가의 침묵

이상과 같이 영원과 현실의 문제를 둘러싸고 백가 쟁명(百家爭鳴)의 논쟁이 벌어졌거니와, 석가도 그런 논쟁에 참여하기를 권고받았다. 이를테면 석가를 향해 자신과 세계는 영원한 것인가 무상한 것인가, 영혼과 육체는 동일한가 다른가, 사후의 세계는 존재하는가 존재하지 않는가 따위의 질문이 제시되기도 했다. 그러나 석가는 그런 질문에 대해 처음부터 대답하려 들지 않았다. 왜 대답하지 않았을까. 그 까닭이 어디에 있는지를 파악하면 석가의 진의나 나아가서는 불교의 진수를 이해한 것이 되므로, 불교학자들은 그 이유를 알아내고자 많은 힘을 기울였다. 결론만을 말한다면 이런 논리가 된다.

먼저 정신과 물질을 별개의 것이라 친다면, 어느 한쪽에서 다른 한쪽이 생겨난다고 생각할 수 없다. 그렇다고 양쪽을 다 부정해 버리는 것은 사실을 무시하는 셈이 된다. 그렇다면 양자는 서로 독립하여 병행해서 존재하는 것일까. 그러나 이것도 사실을 무시하는 것이다. 왜냐하면 정신과 물질은 서로 작용하며 영향을 미치고 있으므로, 그런 의미에서는 양자가 연결되어 있는 것으로 생각할 수밖에 없는 까닭이다. 그래서 정신과 물질이라는 이질적인 것들을 하나로 연결시키는 구실을 하는 것이 어디 다른 데에 있는 것이 아닐까 하는 생각이 나오게 된다. 이를테면 신(神)이 그런 구실을 하는 것으로 생각되기도 한다.

그러나 정신과 물질 자체에 서로 관계하고 연결될 성질이 없고 보면, 신이라 한들 그것들을 관계하게 하고 결합시킬 수는 없을 터이다. 게다가 신을 설정한다 해도, 그러면 신이란 무엇이며 어디에 있는가, 그 신은 정신과 물질 또는 자기와 동일한가 다른가, 또 어떻게 관계하는가 하는 문제가 생기게 된다. 결국은 이론만 이중 · 삼중으로 복잡하게 하면서, 사실은 같은 문제의 주위를 다람쥐가 쳇바퀴를 돌 듯한 것이 되고 만다.

이런 생각에는 사고 방식 자체에 무엇인가 잘못이 있는 것처럼 생각된다. 상(常) · 무상 · 무한 · 유한 · 사후의 유무에 관한 논쟁에 대해서도 같은 말을 할 수 있을 것이다. 이런 점을 꿰뚫어 본 석가는 그것을 깨닫게 하기 위해, 또는 대답해 주다가는 그릇된 사고 방식으로 받아들일 염려가 있는 까닭에 일부러 대답하지 않았다고 여겨진다. 석가는 거꾸로

"그들은 이렇게 저마다 다른 의견을 지니고 논쟁하여, 서로 남은 잘못이고 자기는 옳다고 말한다. 대체 누구의 설이 참인가."

(수타니파타 879)

"어떤 사람들이 진리라 말하는 것을 다른 사람들은 진리가 아니라 주장한다. 이렇게 고집하여 논쟁을 일삼는다. 왜 사색하는 사람들의 말하는 바가 서로 일치하지 않는 것인가."

(同上 883)

라고 반문하고 있다.

유(有)와 무(無)의 초월

석가는 이렇게 직접 그 문제에 대답하지는 않았지만, 다른 장면에서는 그릇된 생각을 타이르고, 그것을 통해 존재의 양상이며 영원의 소재에 대해 견해를 밝힌 바도 있다. 먼저 모든 존재의 양상에 대해서는

이것이 있음으로써 저것이 있고
이것이 생김으로써 저것이 생긴다.
이것이 없음으로써 저것이 없고
이것이 없어짐으로써 저것이 없어진다. (阿含經 相應部 12 : 21)

라고 말씀했다. 이른바 연기(緣起)라고 불리는 사상이다. 결국 모든 것은 독립 불변의 고정된 실체(實體)를 갖고 있지 않으며, 서로 의존하고 인연(조건)에 의해 생멸하는 존재라는 것이다. '제행 무상'이니 '제법 무아'니 하는 까닭이 여기에 있다. 이런 상태는 상주 불변코자 하는 우리의 소망을 채워 주지 못하는 까닭에 '일체 개고'라고도 설해지는 것이다. 더욱이 제행(諸行)·제법(諸法)·일체(一切)라는 말은 그야말로 존재하는 모든 것을 가리켜서 신이니 정신(영혼)이니 또는 거꾸로 물질 같은 것을 영원하다고 보아 거기에서 제외시킬 수 있는 것은 결코 아니다. 그런 독립·고정된 영원 불멸의 것이 있다는 생각은 바로 미혹이고 집착이며, 상견(常見)·유견(有見)·아견(我見)이라 하여 배척되고 있는 것이다. 그러나 무상·무아라 해서 모든 것이 무(無)로 돌아가고 만다는 것도 아니다. 왜냐하면 그런 무(無)는 사실상 상견·유견을 뒤집어 놓은 것에 불과하며, 같은 영역과 같은 차원의 그릇된 생각이어서 역시 아견(我見)을 떠나지 못하고 있는 까닭이다. 이를테면 사후의 존재나 세계가 있다든지 없다든지 하고 곧잘 논의되지만, 있다고 하거나 없다고 하는 그 사고 방식은 사실상 같은 영역에 속하는 생각임을 알아야 한다. 있느냐 없느냐는 질문에 대해 석가가 대답하지 않은 까닭이 여기에 있다. 있다고 말하면 그릇된 있다는 생각으로 받아들일 것이며, 없다고 한다면 역시 그것과 같은 잘못된 없다는 생각으로 이해할 것이어서, 상대방이 사로잡혀 있는 사고 방식 자체가 시정되지 않는 한 대답할 수 없었던 것이겠다.

공과 허공

원시 경전(아함 경전)인 『카차야나 고타(迦旃延氏經)』에

"카차야나여, '일체는 유(有)이다.' 라는 주장은 한 극(極)이다. '일체는 무(無)이다.' 라는 주장은 제2의 극이다. 카차야나여, 여래(如來)[3]는 이 두 가지 극을 버리고 중(中)에 의해 법(法)[4]을 설한다."

고 한 것이 있다. 또 다른 데서는 고(苦)와 낙(樂)의 두 극을 버리고 '중'에 입각하셨다고도 설명되어 있다. 어쨌든 석가의 무상 · 무아 · 고(苦) 또는 연기(緣起)의 가르침은 모든 고정 관념을 털어 버리는 데에 목적이 있어서, 상(常)과 무상 · 유와 무 · 낙과 고 따위 온갖 고정적 대립 관념의 타파와 초월을 지향하는 것이었다. 그리고 그 타파와 초월 내지는 불이 중도(不二中道)[5]의 경지야말로 번뇌와 집착이 끊어진 깨달음의 경지이며, 진정한 절대 영원의 세계, 곧 '열반 적정'이었다. 이런 절대 영원의 경지 · 세계는 그 내용으로 보아, 흔히 공(空, sunya)이니 허공(ākāśa)이니 하는 말로 표현되는 수가 많다. 진정한 영원이란 일

---

3) tathāgata. 부처님의 열 가지 호칭 중의 하나. 진리에 도달한 사람이라는 뜻.
4) dharma. 진리 또는 붓다의 가르침. '제법 무아'의 경우와 같은 때는 현상 · 존재라는 뜻.
5) 상대적 세계를 초월한 중도. '중도'는 균형 · 절충이라는 뜻이 아니라, 일체의 대립을 초월하여 원만한 경지임을 말한 것.

체의 한정을 넘어선 절대적 세계인 까닭이다.

흔히 영원의 세계를 이 세상에 대한 상주(常住)[6] · 안락한 저 세상이라는 식으로 표현하고, 또 영원한 존재는 유한 · 상대적인 인간에 대한 무한 · 절대인 신이라고들 말한다. 그러나 이것은 결국 상대의 세계에 떨어진 절대(상대적 절대)여서, 진실한 절대(절대적 절대)인 영원이라고는 할 수 없다. 석가가 대답하지 않은 것은 이 사실을 깨닫게 하고자 함이었다. 진실로 절대 영원한 세계란 있다든지 없다든지, 상(常)이라든지 무상(無常)이라든지, 생(生)이라든지 멸(滅)이라든지, 동일하다든지 다르다든지, 정신(영혼)이라든지 물질(육체)이라든지, 이것에 대해 저것이라든지, 여기(此岸)[7]에 대해 저기(彼岸)라든지, 현세에 대해 내세라든지, 생전에 대해 사후라든지 하는 일체의 이원 · 상대의 분별을 넘어선 것이 아닐 수 없다. 비유 비무(非有非無) · 비상 비단(非常非斷) · 불생 불멸 · 불일 불이(不一不異) · 물심 일여 · 불범 일체(佛凡一體) · 사바(娑婆)[8] 즉 정토(淨土)[9]라고 말해지는 까닭이 여기에 있다. 이런 것을 한마디로 나타내어 '공' · '허공'이라 하는 것이다.

---

6) 영원히 존재하는 것.

7) 열반을 강 건너 쪽 언덕으로 볼 때, 범부의 경지를 비유한 것. 이상적 세계는 '피안' 이라 한다.

8) sabhā. 이 세상의 명칭. 괴로움이 많아 '참고 견뎌야 하는 세상' 이라는 뜻.

9) 붓다가 계시는 이상적 국토. 이에 대해 여러 의견이 있으나, 흔히 아미타불의 '극락 정토' 라는 뜻으로 쓰는 일이 많다. 그러나 이 책에서는 앞의 뜻으로 쓴 것.

이이(而二)의 상대

진실한 공

그러나 비유 비무(非有非無)·물심 일여의 '공'이라 했다 해서 유도 무도 아닌 것·물심을 통일한 것·공인 것이 유무와 물심의 현실 세계 밖이나 밑바닥에 현실 세계와는 별도로 존재하여, 거기에서부터 현실 세계의 유무·물심의 두 가지 양상이 생겨났다든지, 그것이 현실의 존재가 돌아가게 되는 불이(不二)·절대의 진실·영원의 세계라든지 하는 식으로 생각하면 안 된다. 그러면 이야기는 다시 원점으로 돌아가게 되고, 지붕 위에 지붕을 포개는 격이 된다. 천태 대사 지의(智顗)[10]의 말을 빌리면,

---

10) 중국 스님(538~597). 천태종의 개조. 법화경을 중심으로 석가 일대의 가르침을 교상판석하여 오시·팔교로 나눈 일로 유명하다. 천태산에 거주했으므로 천태 대사라 일컬

"유랑(流浪) 무궁하여 희론(戱論)에 떨어지고 만다. 즉 미혹한 마음으로 분별하여 절(絶)은 부절(不絶)에 대립시키고, 비절비대(非絶非待)는 또한 절(絶)과 대(待)에 대립시키게 되나니, 언어가 서로 뒤쫓아 길이 끊어짐이 없다." (法華玄義)

고 해야 할 것이다. 헤겔(Hegel)의 말을 빌리자면, 엔들로스(endlos)한 무한인 것이며, 무한 누진(unendlicher Progress)이며, 악무한(惡無限, schlechte Unendlichkeit)이다. 공이란 그런 것이 아니다. 그런 생각은 역시 아견(我見)에 떨어진 것이며, 공의 참뜻에서 빗나간 것이 된다. 또 진실한 절대로서 공을 주장하면서, 그 공을 상대 · 대립의 세계로 떨어뜨리는 것이 된다. 이 점에 대해 『반야경』은

"색(色)[11]을 공하게 하는 까닭에 색이 공인 것이 아니라, 색이 바로 공이요 공이 바로 색인 것이다." (幻學品 11)

"공 중에는 멸(滅)이 있지 않고 멸하게 만드는 것도 없다. 제법(諸法)이 필경공(畢竟空)[12]하여 바로 열반인 것이다." (實際品 80)

어졌다. 저서에 『법화현의』 · 『법화문구』 · 『마하지관』 · 『관음현의』 · 『관음의소』 · 『금광명현의』 · 『금광명문구』 · 『관무량수경소』 등이 있다.

11) rūpa. 물질 · 현상이라는 뜻.

12) 만유가 공이라 하면 공 자체에 얽매이기 쉽다. 그러므로 공에 대한 집착까지도 떠남으로써 공마저 공한 것이라고 보아, 더 이상 부정할 것이 남지 않은 최후 · 완전한 공이라는 뜻.

라고 설하고 있다. 『유마경』에도

> "색이 바로 공이니, 색이 멸하여 공이 되는 것이 아니라, 색성(色性)이 바로 공인 것이다." (入不二法門品 9)

라는 말이 나온다. 즉 현실계의 여러 상태(色 · 諸法)를 분석하고 사상(捨象)해서 그 끝에 가서 공을 보게 되고 공에 부딪히는 것이 아니라, 현실계의 온갖 사물이 공한 양상으로 존재하며 공이란 현실계의 존재 양상 그것이라는 것이다. 색 그대로가 공, 공 그대로가 색(色卽是空 空卽是色)이다.

AB 불이(不二)

이를테면 남녀는 현실계의 양상이거니와, 그 남녀는 본래 '불이(不二) · 공'이며, 불이 · 공을 본질로 한다고 말할 수 있다. 그것이 남녀 이(二)의 영원 절대한 진실상이다. 왜냐하면 남자 자체로 남자가 된 것이 아니라 여자가 있음으로써 남자가 된 것이며, 여자가 있기에 그것에 대해 이것이 남자라고 식별되어서 남자가 되었기 때문이다. 여자에 대해서도 같은 말을 할 수 있다. 즉 백색이 있기에 적색임이 인식되는 것과 마찬가지로, A는 B(A가 아닌 것)가 있어서 A라 불리며, B는 A(B 아닌 것)가 있음으로써 B가 되는 것이어서, AB는 본래 불이(不二)요 공인 것이다.

진정한 영원 절대의 세계는 이런 A도 아니요 B도 아닌 불이 ·

공인 곳에서 발견된다. 불교에서 말하는 '깨달음(覺 · 悟)'이란 이런 불이 · 공을 아는 데 있다. '미혹(迷惑)'이란 그런 실상(實相)을 알지 못하고, 그 진리에 밝지 않은(無明) 데서 비롯한다. 미혹이란 한마디로 말해서 존재의 고정관(固定觀 ; 아견)에서 시작하는 것으로, 결국 AB가 본래 불이요 공인 것을 모르고 A나 B 또는 남자나 여자를 독립 고정된 영원 불변한 실체라고 집착하여 그것을 절대시하는 일이다. 그래서 집착을 떠나고 미혹을 버림으로써 '불이 · 공'의 진상을 파악하라고 역설하는 것이다.

AB의 이(二)

그런데 AB 불이(不二) · 공(A도 B도 아닌 것), 이를테면 남녀 불이 · 공(남자도 아니고 여자도 아님)을 파악한다 해도, 그것은 남자임을 또는 여자임을 그만두고 남자도 여자도 아닌 무엇이 된다는 뜻은 아니다. 남녀 불이 · 공은 남녀 이와 별도로 존재하는 것은 아니며, 그것이 도리어 남녀 이의 진정한 양상이어서 남녀 불이 · 공이 포착됨으로써 남녀 이(二)가 바르게 살려지는 것이다. 흔히 부부 일신이라는 말을 하지만, 그것은 남편이요 아내인 것을 그만둔다는 뜻이 아니다. 또 한쪽에게 종속하고 희생이 됨을 말하는 것도 아니어서, 부부 각자의 주체성 · 독자성을 인정하면서 한 몸이 되는 것을 말함이니, 이것이 이상적인 부부의 관계요 진정한 부부 일신의 실현이라 할 수 있다. '불이면서 이(不二而二)' · '이면서 불이(二而不二)'요, '진공 묘유(眞空妙有)'[13)]

의 세계이다.

"안장 위에 사람 없고, 안장 밑에 말이 없다."는 옛말이 있다. 이것은 사람과 말이 불이 · 일체에 들어갔음을 가리킨 것이며, 그렇다고 그것은 말을 타고 말을 달리는 것을 그만두었다는 뜻이 아니라, 명마와 명기수에 의한 최선의 승마 상태를 말한 것이겠다. 핸들을 이렇게 돌리면 이렇게 된다고 생각하여(法我見)[14], 자기가 그 자전거를 타려고 든다(人我見).[15] 그리하여 넘어져 무릎을 깨고, 무릎을 깨고는 다시 넘어지고 하면서 그것을 되풀이한다(輪廻).[16] 이것은 AB 불이 · 공으로부터 떠나 AB 이(二)에 얽매인 모습, 즉 미혹의 AB이다. 그러나 그러다가 어느 사이엔지 자전거를 마음대로 타게 된다. 그때에는 자전거니 자기니 하는 의식이 없어져(空), 완전히 불이 · 일체가 되고 만다. 그러나 불이 · 공이 되었다 해서 자전거 타는 것을 그만두어 버린 것은 아니다. 도리어 자전거는 자전거로서 바르게 활용되고(人空), 자기는 자기대로 자유로이 자전거를 움직이고 있는 것(法空)이다. 즉 AB 불이 · 공에서, AB 이가 바르게 살려지고 있는 것이다. 그야말로 '진공 묘유'이다. 그러므로 AB 불이와 AB 이는 별개의 것이 아니다. 불이가 곧 이요, 이가 바로 불이인 것이다.

---

13) 완전한 공은 단순한 허무가 아니라, 만물이 이렇게 존재하는 것 자체가 바로 공임에 틀림없다. 공의 그러한 형성 작용을 일컫는 말.

14) 정신적 · 물질적 존재들에게 각기 참된 실체가 있다고 고집하는 견해. 법집(法執).

15) 우리 육체에 주체인 자아가 있다고 고집하는 의견.

16) saṃasara. 생물이 생사를 반복하는 것.

공관(空觀)의 역사

사후의 존속

그런데 이런 불교의 근본적인 사고 방식은 불교도들조차도 여간해서는 이해하기 어려운 것이다. 석가가 돌아가자 그들은 '유여 열반'과 '무여 열반'을 구분코자 했다. 앞에서 잠깐 본 대로 명백히 자이나나 삼캬의 이종 해탈론과 같은 생각에 빠진 것이라 할 수 있을 것이다. 그러기에 그들은 다시 죽음에 의해 들어간 영원한 열반계(사후의 세계)는 정신적인 것인가 물질적인 것인가, 또는 완전한 무(無)인가 아닌가 따위를 논하기에 이르렀던 것이다. 그런 이론을 정리하면

① 현재의 육체 · 정신이 그대로 존속한다는 생각

② 육체는 물질적 요소로 해체하고 정신은 중추의 순수 정신

(영혼 · 자아)이 불멸 · 존속한다는 생각

③ 육체가 물질적 요소로 해체하는 것과 함께, 정신도 모두 사라진다는 생각

④ 육체 · 정신이 아울러 요소로 해체하여 존속한다는 생각

⑤ 육체 · 정신이 함께 요소로서도 존속하지 않는다는 생각

따위가 되는데, 이른바 소승 불교의 대표적 종파인 설일체유부(說一切有部)[17]에 의해 ④가 채택되고, 대중부[18] · 경량부(輕量部)[19]에 의해 ⑤가 채용되었다.

④는 육체 · 정신이 그대로 존속한다는 것이 아니므로 석가의 무아설을 무시했다고는 할 수 없을지 모르겠으나, 요소로서는 삼세(三世)[20]에 걸쳐 실재한다(三世實有 · 法體恒有)는 주장인 까닭에 '법아(法我)' 사상이라고 평한다. 또 한편으로는 정신 요소는 인정하나 중추적인 순수 정신(영혼)의 존재는 인정하지 않으므로 '인무아(人無我)'[21]의 입장이라고도 일컬어진다. 즉 석가의 인격적 주체가 있어서 그것이 사후에도 불멸 · 존속한다고는 보지 않고, 말하자면 석가는 여러 요소의 집합체인 까닭에 죽음으로 말미암아 각 요소가 해체되면 석가라는 존재는 없어지고

---

17) Sarvāstivādin. 상좌부(上座部) 계통의 한 부파. 기원전 2세기에 카티야야니푸트라(Kātyāyanāputra)가 『아비달마발지론』을 냄으로써 이 파의 근본이 되었다. 일체의 존재는 실체로서 존재한다고 주장했다.

18) Mahāsaṅghika. 붓다가 돌아간 지 백 년 후, 정통 보수 장로들의 태도에 불만을 품은 비구들이 독립하여 만든 새 교단.

19) Sautrāntika. 상좌부에서 갈린 한 부파. 경전만을 근거로 삼아 설일체유부의 학설을 비판하여, 색법(色法) 중의 사대(四大)와 마음만 실체로서 존재한다고 주장하였다.

20) 과거 · 현재 · 미래.

21) 우리의 심신은 오온의 화합인 까닭에 실체로서의 자아가 없다는 주장.

만다는 주장이다.

⑤는 ④의 법아 사상까지도 비판하여, 현재에 존재할 뿐 과거 · 미래에는 존재하지 않는다(現在實有 過未無體)고 보아 '인무아'와 함께 '법무아'[22]도 주장했다.

소승의 공관—허무

⑤는 석가의 무아 · 공의 가르침을 철저화한 것이라고도 볼 수 있겠으나, '비유 비무(非有非無)' 공의 그 '비(非)'를 고정화한 점에서 역시 일종의 무(無)에 대한 집착에 떨어진 것이라 평할 수 있겠다. 대중부 · 경량부의 말파(末派)가 되면, 현재에만 존재할 뿐 과거 · 미래에는 존속할 수 없다는 생각에서 한걸음 더 나아가 현재에도 존재하지 않는다고 주장하는 사람조차 나타나기에 이른다. 이것은 존재(色 · 法)를 요소로 분석한 끝에 공무(空無)를 주장한 것, 즉 '석색 입공관(析色入空觀)' 또는 줄여서 '석공관(析空觀)'이라고 후세의 대승 불교로부터 빈축을 사기도 했으며, 또 공을 일방적으로만 이해하여 그것에 집착한다 하여 '편공(偏空)' 또는 '단공(但空)'이라든지 '허무 공견(虛無空見)'이라는 비판을 받기도 했다. 이런 견해에 대해 대승 불교도들은 존재를 분석해 감으로써 공이라 판단하는 것이 아니라, 존재 자체를 전체적으로 공이라 보는 것이 바른 공관이라 하여 '체

22) 만물은 인연으로 구성되었으므로 실체가 존재하지 않는다는 주장.

색 입공관(體色入空觀)'을 주장하고 '단공'에 대해 '부단공'을 말하면서 '진공 묘유'를 강조했다.

소승 불교는 이런 철학적 견해를 지니면서도 실제로는 윤회의 주체를 세운다든지, 붓다의 영원상(永遠像)을 구한다든지 하여 여러 가지로 모색한 결과, 갈래갈래로 부파[23]가 갈라져서 논쟁하기에 이른다.

대승의 공관—묘유(妙有)

서력 1세기 전후에 불교 안에서 일종의 종교 개혁이라고나 해야 할 운동이 일어나서 스스로를 대승 불교(Mahāyāna)라 부르고, 그때까지의 불교를 소승 불교(Hīnayāna)라 해서 비판을 가했다. 중심 문제는 공관(空觀)에 있었다. 그리하여 소승 불교의 공관을 비판하면서, 공의 기본적 원리를 해명하기 위해 대승 경전을 편찬했다. 그 결과 나타난 것이 『반야경전』·『유마경』 등이었다. 거기서 강조된 것은 AB 이(二)가 바로 AB 불이(色卽是空 · 二而不二), AB 불이가 곧 AB 이(空卽是色 · 不二而二)라는 논리였다. 또 '불이이이'라는 점에서 이이(而二)의 현실에 대한 불이·공의 적극적인 표현이 시도되어 『법화경』·『화엄경전』·『정토

---

23) 아소카 왕 시대에 상좌부와 대중부로 갈린 불교는 점차 분열을 거듭해서 열여덟 개의 부파가 생겼다고 한다.

24) 대승 불교의 교리를 체계 세운 대사상가(150~250?). 대승 불교는 그의 저서에 의해 정리되었으므로, 제2의 석가 또는 팔종의 조사라고 일컬어졌다. 『대지도론』·『십주비바사론』·『중론』 등의 저서가 있다.

경전』이 만들어졌다. 그 후 나가르주나(龍樹, Nāgārjuna)[24]가 출현하여 다시 공관에 입각하여 대승 불교의 진리를 체계화하는데 힘써 『중론(中論)』 등을 저술했고, 4세기경이 되자 『여래장경』·『승만경』·『열반경』 등이 나타나서 불이·공을 이이(而二)의 현실에 내재하는 진실 영원한 근거로서 적극적이고 긍정적으로 정립(定立)하기에 이른다.

특히 『열반경』에서 강조된 '법신 상주(法身常住)' 와 '불성(佛性)' 및 '여래장(如來藏)'[25]이 그것이어서 거기에서는 '상락 아정(常樂我淨)' 이라든지, "여래는 상주하여 변화함이 없다.(如來常住 無有變易)"든지, "일체 중생에 다 불성이 있다.(一切衆生悉有佛性)"든지 하는 이론이 주장되었다.

25) 현실의 모든 존재는 진여(眞如)의 나타남이므로, 그런 존재에 진여가 간직되어 있다는 뜻.

인간성의 발견

영원의 내재

『열반경』에는 소승 경전의 열반경(阿含經 · 長部一六)과 앞에 든 대승 경전의 열반경이 있다. 소승 열반경은 석가의 죽음을 중심으로 그 전후의 사실을 서술한 것이요, 대승 열반경은 석가의 죽음을 토대로 하면서 그것을 넘어 영원을 해명한 것이다. 예로부터 대승 열반경을 상주교(常住教)라 일컬은 것은 그 때문이다. 소승 열반경의 마지막 장면(석가의 죽음)이 대승 열반경에서는 그 첫머리가 되어 있다. 이 소승 열반경과 대승 열반경을 합쳐서 '죽음과 영원에 대한 가르침' 이라고 할 수 있을 터이다. 이는 바로 인간계의 해명이 되고 인간성의 발견이 되는 것이겠다.

이제 『열반경』의 가르침을 따라 인간계 · 인간성의 구조를 도식화한다면, 허공 속에 AB 이의 틀을 끼워 넣은 꼴이 될 것이다. '허공' 이란 불이 · 공의 영원 절대한 모습이며, '틀' 이란 자타 · 물심 · 생사 · 남녀 따위의 이이(而二)가 대립하는 현실상이다. 영원의 세계 · 영원의 존재는 현실 세계 · 현실 존재 밖에 멀리 떨어져서 존재하는 것이 아니며, 또 깊이 숨어 있는 것도 아니다. 그것은 현실의 안팎을 메우고 있다.

이이의 틀(현실)은 불이의 허공(영원)에 싸이고, 불이의 허공(영원)은 이이의 틀(현실)에 담기는 것이다. 그야말로 이이 불이(二而不二) · 불이 이이(不二而二)이다.

여기서 우선 주의해야 할 일은 흔히 영원한 것, 이를테면 신이니 부처니 영생이니 하는 것이 인간 · 범부 · 죽음에 대립하는 것으로 주장되고 있으나, 그것은 이이(而二)가 상대하는 현실계에 입각한 생각이며, 참으로 영원한 것은 인간 대 신 · 범부 대 부처 · 죽음 대 삶을 초월한 불이(不二) · 공에서만 발견될 수 있는 것이어서, 영원의 존재는 본래 거기에 있다는 사실이다. 일반적으로 불로 장생이니 영생이니 하는 데 대해, 불교에서는 '생사 초월' 이라든지 '불생 불멸' 같은 것을 강조하는 이유도 여기에 있다. 이것을 적극적으로 나타내면 인간즉신(人間卽神) · 범부즉불(凡夫卽佛) · 생즉사(生卽死)라는 말이 된다. 바꾸어 말하면 인간 · 범부 · 죽음의 틀 안에 진정한 영원 절대로서의 신 · 부처 · 삶이 담겨 있다는 이야기가 된다. 대승 열반경은 그것을 '여래장' 이라든지 '불성' 이라든지 '법신 상주' 라든지 하는 말로 부르고 있는 것이다.

따라서 신 · 부처 · 삶을 인간 · 범부 · 죽음과 대립하는 독립 고정된 것이라 집착할 때, 그것은 절대 영원한 것 대신 상대 · 대립의 세계에 떨어지고 마는 결과가 된다. 기독교 성서에도

> "하느님의 나라는 볼 수 있게 임하는 것이 아니요, 또 여기 있다 저기 있다고도 못하리니, 하느님의 나라는 너희 안에 있느니라."
>
> (누가복음 17 : 20~21)

고 한 말이 있다. 신이여 신이여 하고 신을 밖에서 찾지 말라, 신은 네 속에 있다는 이야기이다.

참으로 절대적인 영원의 세계는 인간에 대한 신, 범부에 대한 붓다, 물질에 대한 마음, 죽음에 대한 삶, 차안(此岸)에 대한 피안(彼岸), 무상에 대한 상주 따위의 이원(二元) · 상대를 넘어선 불이(不二) · 공에서 존재한다. 비불 비범(非佛非凡) · 비상 비단(非常非斷) · 불생 불멸이다. 이 A도 B도 아닌 불이 · 공은 결코 아무것도 없다는 뜻이 아니다. 그렇게 받아들인다면 그 역시 일종의 무(無)에 대한 집착에 떨어진 것이 되며, 더구나 유(有)에 대한 무와 같이 흔히 일컬어지는 무의 생각보다도 더 깊은 무의 심연에 잠겨 버려서 구하기 어려운 니힐리즘(虛無空見)이 될 것이다. A도 B도 아닌 불이 · 공이란 그런 니힐리즘의 표방이 아니라, 거기에서야말로 진정한 절대 영원한 존재가 발견된다는 것이다. 범부에 대한 부처, 부처에 대한 범부의 이원적 대립을 넘어선 곳에 진정한 부처가 존재한다는 주장이다. 여기에 대립하

는 저기, 저기에 대립하는 여기라는 생각을 초월할 때 진정한 영원의 세계가 나타난다는 이론이다. 적극적으로 말하면 불범 일체(佛凡一體) · 번뇌 즉 보리(菩提)[26] · 생사 즉 열반 · 사바 즉 적광(寂光)[27]이 된다. 결국 번뇌 많은 범부 자체에 보리의 부처가 있고, 생사의 세계인 이 사바에서 적광의 정토가 발견된다는 것이다. 범부를 부정함으로써 범부와 대립하는 저쪽에 존재하는 붓다란 진정한 영원의 존재일 수가 없다. 참으로 영원한 붓다는 그런 상대 · 대립을 넘어선 곳에 존재한다. 이것을 긍정적이고 적극적으로 나타낸다면, 범부는 붓다에 싸이고, 또 범부 안에 붓다가 있다는 말이 된다.

정사(正邪)의 인생관

그러나 이것은 우리의 현실이 불범(佛凡) · 물심 · 남녀 · 선악 · 고락 등의 이원적 · 대립적인 양상을 나타내고 있다는 것을 무시하는 일이 아님을 먼저 주의해 둘 필요가 있다. 결코 현실의 범부가 그대로 부처라는 것도 아니고, 악이 곧 선이라는 것도 아니다. 그렇게 여긴다면 '악긍정(惡肯定)'에 떨어진 생각이다. 따라서 그런 악긍정에 대해서는 범부에 대립하는 붓다가 있고, 악에 대립하는 선이 있다는 것을 일러주어야 한다. 다만 이이(而二) 상대의 틀 중에서 어느 쪽을 절대시하여 고집할(我見) 때,

---

26) bodhi. 붓다가 깨달은 지혜.
27) '적광토'의 준말. 붓다가 거주하는 이상 세계, 곧 정토.

그런 미망을 깨뜨리기 위해 불이(不二)를 강조하고, 거기에 진정한 영원 절대자가 존재한다고 설하는 것이다. 따라서 거꾸로 불이(不二)라는 점에 집착하여 범부니 부처니 하는 것은 없다든지, 또는 범부 그대로가 바로 부처라고 생각하는 사람에게는 불범(佛凡)의 이이(而二 ; 차별)가 강조되어야 한다.

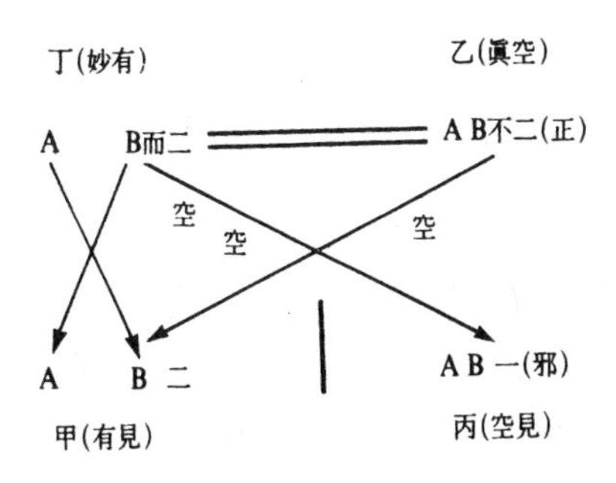

이제 정사(正邪)의 사고 방식을 도식으로 나타내어 해설을 가한다면, AB는 이이(而二)의 틀이요, 화살표는 사견(邪見)을 깨뜨리는 방식을 보인 것이다. 갑의 잘못을 깨기 위해서는 을을 쓰고, 병을 깨뜨리는 데는 정을 쓰고, 갑의 A를 깨기 위해서는 정의 B를 쓰고, 갑의 B를 바로잡는 데는 정의 A를 쓴다.

남녀를 보기로 든다면, 여자는 남자의 것이라는 생각이나 남녀는 무관계한 독립 · 고정된 존재라는 생각은 갑에 해당한다. 사실은 여자가 있음으로써 남자요, 남자가 있기에 여자가 성립하는 것이니까, 그런 뜻에서 남녀 불이 · 공이 본래의 진실상(乙)이다.

그러나 이것은 남녀의 구별이 없다(丙)는 뜻은 아니다. 남자는 남자로서의 특색을 발휘하고, 여자는 여자로서의 특색을 나타내면서, 그것이 불이요 평등(丁)이라는 것이다. 진정한 평등(不二)이란 하나로 만들어 버린다는 뜻이 아니라, 저마다 주체적 독립성을 평등하게 인정하면서 손을 맞잡아 나간다는 뜻이어서, 이것은 나라와 나라의 관계도 이렇다고 말할 수 있다. 그리고 때로 여자를 부인하여 남자의 입장만 내세우는 사람(甲의 A)이 있을 경우에는 여자의 존엄성(丁의 B)을 가지고 이것을 깨뜨리기도 해야 하는 것이다.

이런 실례로서 석가의 무상설이 있다. 그 당시 인생은 영원하다는 생각에 집착하는 사람이 많았기 때문에 그 잘못을 깨뜨리고자 석가는 인생의 무상을 설한 것이다. 그러나 인생 무상이 강조되자, 이번에는 그것에 집착하는 태도가 나타났다. 그래서 그것을 깨기 위해 거꾸로 인생 상주(常住)를 설할 필요가 생겼으니, 대승 열반경의 상주설이 그것이다. 근본은 상 · 무상의 이원적 대립을 넘어선 불이 · 공에 있으며, 영원 상주라 한다면 거기에서 그것을 발견해야 할 것이었으나 사람들의 견해가 어느 한 쪽에 치우쳐 버리기에 불이 이이(不二而二)의 입장에 서서 그 틀에 응하여 때로는 상에 대해 무상을 설하고, 무상에 대해서는 상주를 설하게 되었다.

부모와 자식의 관계를 보기로 들어 보면 흔히 '자식에 대한 집착' 이 문제가 되는데, 그것은 아들딸에 대한 부모의 깊은 애정을 찬미한 것이기도 하려니와, 이상하게도 집착이라는 말이 따라다

니듯이 그런 감정에는 자식은 부모의 것이라는 아견(我見)이 숨어 있는 것으로 보인다(甲). 더러는 자기를 희생하고 무로 돌리면서(人無我) 자식을 위해 모든 것을 바치는 어버이도 있거니와, 내 아들 · 내 딸이라는 집착(法我見)이 있는 점에서 역시 참다운 애정 형태라고는 말할 수 없는 경우가 많다. 그러기에 자식 쪽에서는 그런 어버이의 애정에 부담감을 느낀 나머지 끝내는 싫증을 내서 부모와 자식 사이가 비극으로까지 치닫는 사례도 적지 않다. 그러기에 부모는 자식의 인간으로서의 주체적 독립성을 인정해 주고, 또 인간으로서 자기의 주체적 독립성도 확보해 가야 한다(丁). 그러나 그것은 부모는 부모, 자식은 자식이라 생각하여 방임하는 일(甲)은 아니다. 부모와 자식은 어디까지나 불이(不二)이어야 한다(乙). 하지만 불이가 부모와 자식의 구별이 무시되고 대등해져서 자식의 양육을 망각하는 일(丙)이어서는 안 된다. 그러므로 이 관계의 이상적 형태는 불이(不二)이면서 이(二)인 관계(丁)를 유지하는 데 있다. 만약 자식을 희생시키려는 부모가 있을 때는(甲의 A), 자식의 인간적 존엄성(丁의 B)을 가지고 깨뜨려야 할 것이다.

영원의 활현(活現)

이상으로 알 수 있는 것은 이이 불이(二而不二)의 입장에서는 AB 이의 집착을 끊고 불이 · 공을 파악해야 하고, 불이 이이(不二而二)의 처지에서는 AB 이의 현실이 불이 · 공이 활현되는 장소로서 긍정되기에 이른다(眞空妙有)는 사실이다. 유한하고 상대적인 인간의 현실이 부정을 통해 긍정으로 옮아가는 것이다. AB 이(二)의 틀이 불이 · 공에 의해 일단 포기되면서, 이번에는 불이 · 공의 활현 장소로서 살려지게 되는 것이다.

생사에 대해 말한다면, 생에 열중하여 죽음을 망각하는 사람이 있을 경우에는 죽음을 직시하라고 가르치고, 생에 집착한 나머지 죽음을 두려워하는 사람에게는 생사 불이 · 일여(一如)에 진정한 영원 절대의 삶이 있음을 가르치고 나서, 다시 생사의 이이(而二)로 돌아와 죽음은 영원한 삶의 활현 장소로서 존재함을 설하게 된다. 선악 · 붓다와 범부의 관계에서도 마찬가지이다. 인간의 악이나 약점을 망각할 때는 그것을 강조하지만, 악이니 약점이니 하는 것에 낙담하여 인간에게 절망하는 경우에는 선악이 불이(不二)요 불범(佛凡)이 일체여서 악 속에 선이 깃들어 있고 범부마다 불성을 지녔기에 악 · 범부의 자각은 곧 선 · 불성의 활현이 됨을 일러 주어야 한다. 악이 있고 범부가 있는 까닭에 선이 발휘되고 불성이 선양되는 것이다.

여기서 인간과 인생에 대한 부정이 큰 긍정으로 옮아간다. 고통을 지나 기쁨으로 가게 되는 것이다. 이것이 인간계의 특색이며 인간성의 발견이 되는 것이겠다.

인간성의 활용

네 가지 현실상

불이(不二)의 영원을 이이(而二)의 현실에 살리기 위해서는 이이(而二)의 틀에 어떤 종류가 있으며, 그 종류에 따라 이이(而二)의 틀의 활용 방식이 어떻게 되는지를 살펴 둘 필요가 있다. 대체로 다음과 같은 네 종류의 틀을 생각할 수 있을 터이다.

도표에 나타난 ①과 ②는 남녀 · 미추와 같이 인간으로서 살고 있는 한 따르는 것이어서 말하자면 실존적 틀이라 할 수 있으므로, 이것은 초월함으로써 살려 가야 한다. ③과 ④는 빈부 · 귀천처럼 역사적 · 사회적으로 발생한 것이기에 개혁할 수 있다. 또 ①과 ③은 객관적인 것이기에 우리의 마음가짐과는 관계 없이 존재하지만, ②와 ④는 주체적인 것이기에 우리의 생각과 보기

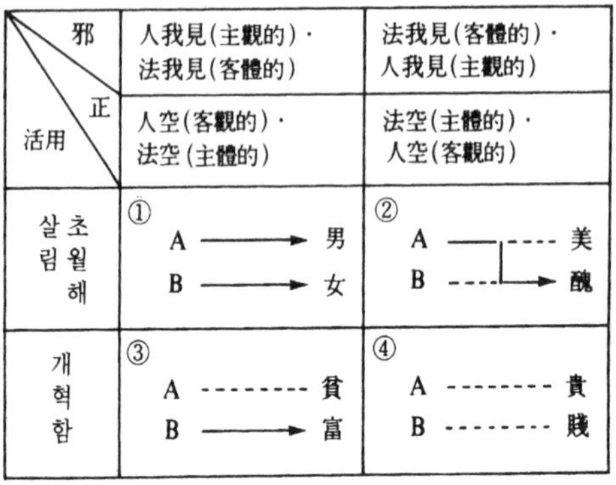

邪 / 正 / 活用		
邪	人我見(主觀的)· 法我見(客體的)	法我見(客體的)· 人我見(主觀的)
正	人空(客觀的)· 法空(主體的)	法空(主體的)· 人空(客觀的)
초월해 살림	① A ——→ 男 B ——→ 女	② A ——┐---- 美 B ----└→ 醜
개혁함	③ A -------- 貧 B ——→ 富	④ A -------- 貴 B -------- 賤

에 따라 좌우될 수 있다.

따라서 ①과 ③에서는 여자나 가난이 있다고 생각하면 있고 없다고 생각하면 없어서 마음가짐에 달렸다고 생각하는 것은 잘못(인아견 · 주관적)이며, 여자는 여자로서 또 가난은 가난으로서 주관을 떠나(인공) 있는 대로 보는 것(객관적)이 옳은 것이 된다. 그러나 한편으로는 그것들을 부동 · 고정의 것으로 생각하는 것도 잘못(법아견 · 객체적)이며, 불이(不二) · 공(법공)으로서 우리의 주체인 마음을 가지고 포착하여 살려야 될 성질의 것이다. 그 가운데 ① 쪽은 A(남자)와 B(여자) 양자를 함께 살려야 될 것이며, ③은 A(가난)가 B(부자)로 고쳐져야 될 것임에 틀림없다.

②와 ④에서는 이것이 미(美)이고 존귀한 것이라는 식으로 부동 · 고정한 것인 양 생각함은 잘못(법아견 · 객체적)이며, 주체적인 마음에 추(醜)가 도리어 미로 비치고 천시되는 사람에게서 고귀함을 느끼는 경우가 생길 수(법공) 있는 것이다. 그렇다고

해서 미추와 귀천이 없다고 생각하는 것은 잘못(인아견 · 주관적)이니, 어디까지나 미추는 존재하며 사회에 귀족이 있는 반면 생활에 쪼들리는 천한 사람도 있다는 것을 부정할 수 없는 것이다. 그래서 주관을 떠나(인공) 사실을 사실로서 인정(객관적)하면서, 미추는 때로 추가 미일 수 있게 살려야 하고, 귀천을 그 구별이 없도록 고쳐야 될 것이다. 이를테면 미추에 관계되는 것에 곰보도 일색이라는 말이 있거니와, 그만 잘못 봄으로써 곰보를 일색으로 오해한 것이라면 그 잘못을 시정하여 곰보는 곰보요 일색은 일색이라는 사실을 알아야 한다. 그러나 곰보를 곰보로 알면서도 그 곰보에게서 도리어 일색으로서의 미를 느끼는 경우도 생길 수 있는 것이다.

유동하는 현실

지금까지 보기를 들어가면서 해설을 시도했거니와, 경우에 따라서는 ① ② ③ ④ 전체에 걸친 것이 있을지도 모른다. 이를테면 병 · 건강이라는 틀이 그것이다. 죽게 되면 ①에 속할 터이며, 건강이 사실은 병이요 병이 도리어 건강이 될 수 있는 ②의 경우도 있을 터이다. 또 병을 고쳐 건강한 몸으로 만들어 가는 ③도 있겠다. 하여간 현실에 있는 이이(而二 ; 차별)의 틀은 여러 가지여서 살려 가는 방식도 갖가지일 테니까, 어떤 것이 있는지를 잘 살펴서 그에 따라 대처해야 할 것이다. 대승 열반경은 평등 · 자비 · 평화 등에 대해 고정 관념을 버리지 못함으로써 유동하는 현실에서 소외 · 유리되고, 추상적 이념이나 내용 없는 표어를 일률적으로 휘두를 뿐 결국은 현실에 무익한 존재가 되고마는 경향에 대해 강하게 경고하고 있다.

자비에 대해 말한다면, 이른바 '자비'가 언제나 자비인 것이 아니라, 때로는 분노 · 책망(折伏) · 회초리가 진정한 자비인 경우도 있다는 것을 강조한다. 이는 자비가 ②에서 생각된 것이라 할 수 있겠다. 또 ③과 같이 어느 시대 어느 사회에나 통용되는 문제의 경우에도 그 시대와 사회의 구체적인 상황을 잘 관찰한 다음에 해결을 주장하고 추진하지 않는다면, 아견(我見) · 편견에 떨어지게 될 터이다.

인생의 의미

인생이란 비유하자면 음질과 음량이 다른 여러 악기가 각기 자기 파트를 연주하면서 전체적인 하나의 음악 세계를 실현하려고 애쓰는 교향악 같은 것이라 할 수 있으리라. 대승 열반경은 이를테면 교향악의 총악보인 셈이다. 악기는 유한한 것이지만 영원 · 무한한 소리를 거기에 담음으로써, 도리어 그 소리는 살아서 우리에게 깊은 감동을 준다. 화가는 영원 무궁한 자연의 미를 한정된 캔버스 위에 한정된 물감으로 그려 내려 든다. 그러나 그것이 쓸데없고 무의미한 작업은 아니다. 그렇게 하는 것에 의해 도리어 영원 무궁한 자연의 미가 살려지는 것이다.

영원은 아득한 저쪽에 있는 것이 아니다. 그것은 허공 같은 것이어서, 우리는 지금 그 속에 들어 있다. 그러나 우리는 공·허공의 영원에 들어가 있기만 해서는 안 된다. 마치 바닷물을 컵에 담듯이 그것을 현실의 온갖 틀 속에 받아들여서 살려 가야 한다. 이것이 인간에게 주어진 의무이며, 여기에야말로 인생의 의의와 목적이 있고, 우리의 생활이 있다. 또 영원은 한정된 틀 속에 담김으로써 도리어 인생 속에서 숨쉬고 빛날 수 있게 되는 것이다.

석가의 삶과 죽음은 현실의 무상·유한·상대성을 우리에게 알림으로써, 우리로 하여금 그것에 대한 집착에서 떠나게 하는 동시에 이 현실 속에서 영원을 살려 가도록 본보기를 보인 것이라고 할 수 있다. 여기에서 삶과 죽음의 의미와 의의가 180도로 전환하게 되며, 그런 사실을 밝힌 것이 곧 대승 열반경이다.

2. 죽음에 대한 고찰

최후의 전도

인간 석가

석가는 팔순이 되었을 때, 제자들과 함께 비사리의 죽림촌으로 가서 마지막 우안거(雨安居)[1)]에 들었다. 그때 석가에게 무서운 병이 생겨 죽을 것 같은 통증이 일어났다. 그러나 석가는 마음을 조정하여 그 고통을 견뎠으며, 가까스로 병을 이겨냈다. 아난다(阿難)[2)]는 석가 곁으로 가서, 스승의 죽음으로 말미암아 마저 설해지지 못하는 가르침이 있지 않을까 걱정스러웠노라고 말했다. 석가는 이에 대해서

---

1) varṣa. 인도에는 비가 많이 오는 계절이 있으므로 이 동안은 외출을 금했던 것. 4월 16일부터 7월 15일까지인데, 이는 바라문교의 제도를 그대로 받아들인 것이다.

2) Ānanda. 붓다의 십대 제자 중의 한 사람. 다문(多聞) 제일. 붓다의 사촌으로 일찍이 출가하여 항상 붓다를 모셨으므로, 결집 때 중심이 되었다고 한다.

“아난다여, 그대들은 나에게 무엇을 더 기대하는가. 나는 안팎을 다 털어 놓아 모든 것을 이야기하였다. 아난다여, 내 가르침에는 제자에게 숨기고 보여 주지 않는 스승의 주먹(아차라 무티) 같은 것은 없느니라.”

라고 대답하고, 자기는 굳이 제자들을 인도하겠다든지 또는 제자들이 자기를 의지하고 있다고는 생각지 않으며, 따라서 새삼스레 무엇을 더 설하겠느냐고 반문했다. 이는 석가 자신이 교조로서의 권위를 부정한 셈이며, 나아가서는 불교가 권위 신앙이 아님을 보여 주는 것이라 하겠다.

석가는 이어서

“아난다여, 나는 늙고 쇠하였으며 이미 팔순 고령이 되었다. 아난다여, 내 육신은 이를테면 낡은 수레가 가죽 끈에 매임으로써 겨우 움직이고 있는 것과 같다.”

라고 말했다. 우리는 여기에서 인간 석가의 모습을 눈앞에 보는 듯이 느끼게 된다. 석가는 후세에 와서 신격화되어 절대시되었거니와, 원래는 인간계에 태어나 인간고(苦)를 체험함으로써 수행한 끝에 깨달음을 얻은 것이다. 따라서 붓다(깨달은 사람)로서는 인생을 초월하여 영원의 세계에 들어간 것이 틀림없지만, 인간으로서 육체를 갖추고 생(生)이 마침내 노(老) · 병(病) · 사(死)에 연결될 수밖에 없는 인간계의 엄연한 사실로부터 벗어날 수는 없다. 석가의 이 말씀은 바로 인간 석가의 일면을 드러낸 것임에 틀림없다.

자기의 확립

한편 이 말씀을 붓다 석가가 한 것으로 받아들이면, 그것은 인생에 대한 교훈이 되어 우리에게 울려 온다. 즉 인생은 무상 · 쇠멸을 본질로 하고 있어서 생(生)이 있는 곳에는 반드시 노 · 병 · 사가 따른다는 사실과 거기에는 의지할 아무것도 없다는 것을 밝힘으로써 인생에 대한 집착을 끊게 하고자 하는 것으로 해석될 수 있다. 석가는 이 말씀의 뒤를 이어

> "아난다여, 일체의 상(相)에 마음이 끌리지 않고 하나하나의 감각을 없애 가는 것에 의해 무상(無相)의 경지로 마음이 통일될 때, 거기에 진정으로 건전한 신체가 발견된다."

하고,

> "그러므로 아난다여, 이에 자기를 근거로 하고 자기를 의지처로 하여 남을 의지하지 말 것이며, 법(진리)을 근거로 하고 법을 의지처로 하여 다른 것을 의지함이 없거라."

라고 권유하였다. 이것은 뒤에 자등명(自燈明) · 법등명(法燈明)

또는 자귀의(自歸依) · 법귀의라 하여 유명해졌다. 자기를 의지하라는 것에 대해서는 가장 오래된 원시 경전의 하나인 『법구경(法句經)』에도

"자기야말로 자기의 주인이다. 그 밖에 누가 주인이겠는가?" (160)

"자기로써 주인을 삼고, 자기로써 의지처를 삼는다." (380)

는 말씀이 보인다.

석가는 거듭 이 세상의 모든 것이 무상하며 무아(無我)라는 것을 설했다. 무아란 독립 · 부동의 고정적 실체(我)가 없다는 뜻이다. 즉 모든 것은 바뀌고 움직여서, 확고한 지주 · 근거는 없다는 것이다. 그러나 우리는 그런 것 속에서 자기의 지주가 되고 의지처가 될 것을 찾기도 하고, 또는 언제까지나 그것을 자기의 소유로서 붙들어 두고자 한다. 그런 까닭에 바뀌어 가는 대상에게 질질 끌려 이곳저곳을 헤매고, 자기의 의지할 바를 찾는다는 노릇이 도리어 자기를 상실하고 마는 결과가 되는 것이겠다. 그래서 석가는 우리에게 인생의 무상 · 무아를 투시하여 그것에 대한 집착을 끊고, 그것으로부터 자기를 해방하고 자기를 확립하라고 권고한다. 자기를 의지처로 삼고 남을 의지하지 말라든지, 자기야말로 자기의 주인이라든지 하는 말씀은 모두 이런 뜻으로 비친다.

자기의 초극

물론 여기서 자기를 의지하라거나 의지처는 자기밖에 없다는 말이 자기를 절대시하고 그것에 매달리라는 뜻은 결코 아니다. 자기 또한 변해 가는 것 중의 하나임에 틀림없다. 그런 자기조차도 넘어서야 한다. 남에게나 자기에게나 끌려다니는 일이 없이 일체의 속박을 벗어나는 곳에 진정한 자기 확립이 있을 수 있으므로, 여기서 '자기'라 한 것은 이런 자기를 말한 것임을 알아야 한다. 이 점에 대해 석가는 다른 곳에서

"자기라는 생각에 얽매이고 남이라는 관념에 구애되는 사람은 윤회를 초월하지 못한다." (우다나 6 : 6)

고 일깨웠으며,

"이것은 내 것이다, 이것은 남의 것이다 하는 생각이 없는 사람은 나라는 것을 보지 않고, 내 것이 없다 해서 근심하는 일이 없다." (수타니파타 951)

고도 말씀했다. 『법구경』 160에서는 앞에 인용한 문장 다음에

"자기를 잘 다스리면 얻기 어려운 주인을 얻게 된다."

는 말씀이 이어지며, 또 380은

> "그러므로 상인이 좋은 말을 다스리는 것처럼 자기를 다스리라."

는 말씀으로 맺어져 있다. 그런 뜻에서 자기의 확립은 우선 자기를 이기고 자기를 다스리는 데 있다고 말할 수 있을 터이다. 인생의 승리자란 무엇보다도 자기를 이겨낸 사람이다.

> "싸움터에서 백만의 적을 이기는 이보다, 한 사람의 자기에게 이기는 이야말로 가장 훌륭한 승리자이다." (法句經 103)

라고 말하는 이유도 여기에 있다.

그러기에 아난다에게 설한 '자등명'·'자귀의'의 가르침은 자기의 욕망을 그대로 따라도 좋다는 것이 아니라, 자타 어느 것에도 매이지 않는 공정한 도(道)를 좇으라는 뜻이다. '법등명'과 '법귀의'가 함께 역설된 것도 그 때문임을 알아야 한다.

죽음에 대한 예감

인생의 달관

비사리의 거리로 탁발하러 나갔던 석가는 정사에 돌아와 식사를 마치자 아난다에게 말했다.

"아난다여, 자리를 가지고 가자. 차파라 나무 밑에서 한낮의 더위를 피하러……."

그리하여 차파라 나무 밑에 좌정한 석가는 다시 아난다에게 말했다.

"아난다여, 비사리는 즐겁고 차파라 나무는 즐겁구나. 이 세상 모두가 아리땁도다."

죽음에 임한 석가의 인생에 대한 크나큰 달관의 모습이 엿보인다. 또 전설에는 악마가 석가에게 죽을 것을 권했다고도 한다.

"주여, 열반에 드실 때입니다."

이에 대해 석가는 할 일을 마치면 열반에 들겠다, 그것은 석 달 뒤의 일이 될 것이라 대답했다는 것이다.

한편 아난다는 붓다더러 세 번이나 거듭 이 세상에 머물러 달라고 청했다.

"아난다여, 나는 말하지 않았더냐, 무릇 사랑하는 사람일지라도 언젠가는 죽음에 의해 헤어져야 된다는 것을. 생겨난 것으로 없어지지 않는 것은 아무것도 없다. 나는 이에

'지금부터 석 달 후에 열반에 들리라.'

고 분명히 밝혔다. 수명에 관한 이 말을 나는 결코 번복할 수 없다."

이것이 아난다의 청에 대한 석가의 답변이었다.

생의 완료

죽음은 석가에게 돌발적인 사고가 아니라, 그 시기는 오래 전부터 예측되었다. 이것은 석가가 수동적으로 죽음에 떠밀림으로써 죽음의 노예가 된 것이 아니라, 스스로 주체적인 입장에서 죽음을 맞이함으로써 죽음을 제압했다는 사실을 의미한다. 이것은 모든 일을 성취한 사람에게 저절로 나타나는 경지라고도 할 수 있으리라. 그것에 대해서 석가는 제자들에게 이렇게 설하였다.

내 나이는 익을 대로 익고
내 목숨은 얼마 남지 않았기에
그대들을 두고
나는 떠나야 하리니
나는 오직 나를 따르노라.
그대들은 애쓰고 힘써서
생각을 바로잡고 계를 지켜 가라
사색으로 마음 가라앉히고
제 마음을 잘 지키라.
법과 율(律)에 정진하는 사람은
생의 유전(流轉)을 넘어 고(苦)의 종말을 알리라.

그러고 나서 석가는 비사리를 떠났는데, 그 때 비사리를 바라보면서

"아난다여, 이것이 내가 비사리를 바라보는 마지막이 될 것이다. 자, 아난다여, 반다 마을로 가자꾸나."

하며, 다하지 않는 감회를 아난다에게 토로했던 것이다.

네 가지 법의 성취

반다 마을에 이른 석가는 계(戒)·정(定)·혜(慧)·해탈의 네 가지 법(四法)을 설했다. 계란 자기 행위를 삼가는 것, 정은 정신의 안정, 혜는 사물을 밝히는 지혜, 해탈이란 인생의 초월이다. 이 성스러운 네 가지 법을 몰라서 유전·윤회의 고통이 생기며, 붓다란 바로 이 네 가지 법에 통달한 사람을 말해서

계와 정과 혜와 해탈은
더 없는 보배.
이 법을 깨달으신 이
고타마(붓다) 그 분!
아 붓다는 이 법 깨달으시어
제자들에게 설하시거니
눈 있는 이는 고(苦)를 멸하여
영원의 편안(열반)에 드네.

라고 우러렀던 것이다.

마지막 공양

죽음의 초대

석가는 반다 마을에서 다시 몇 부락을 지나 파바라는 동네에 이르렀다. 그리고 거기서 대장간을 하는 춘다(純陀)라는 사람이 바친 음식(버섯)을 먹고 중독되어서, 격렬한 설사와 출혈이 따르는 중병에 걸렸다. 그러나 석가는 그 고통을 참으면서 임종의 땅이 된 구시나가라(Kusināra)를 향해 떠났다. 도중에서 피로할 대로 피로해진 석가는 아난다와 춘다에게 일러서 옷을 접어 나무 밑에 깔게 한 다음 잠시 휴식을 취했다. 그러고는 개울물에 목욕하고, 목을 축이기도 했다.

그때 춘다는 사뭇 뉘우친 나머지 어찌할 바를 몰라했으므로, 일찍이 깨달음을 얻는 데 도움이 되었던 소녀의 우유 공양과 지금 죽음의 직접적 원인이 된 춘다의 이 공양은 보시의 공덕에 아무 다를 바 없으니 조금도 후회할 필요는 없다고 말씀하여 그를 위로하고, 이어서 시로 읊었다.

보시하는 이에게 공덕은 늘고
마음 다스리면 원한 없어라.
착한 사람은 악을 버리고
탐 · 진 · 치를 없애
고요한 편안 속에 살도다.

제자의 비탄

마침내 구시나가라에 도착한 석가는 히라냐바티 강 기슭의 사라(Sāla) 쌍수(雙樹) 그늘로 다가갔다.

"아난다여, 나를 위해 사라 쌍수에 머리를 북쪽으로 향하게 해서 자리를 깔아라. 아난다여, 나는 피곤하다. 눕고 싶구나."

그래서 아난다가 자리를 마련하자, 석가는 오른쪽 겨드랑이를 밑으로 하고 발을 포개어 고요히 누웠다. 아난다는 석가의 등 뒤에서 눈물을 흘리며 울었다. 그 모양을 본 석가는

"그만두어라, 아난다여. 슬퍼 말고 애통해하지 말라. 나는 일

찍이 말하지 않았더냐. 사랑하는 사람, 소중한 사람과도 언젠가는 이별해야 한다는 것을. 무릇 태어난 것과 만들어진 것으로서 파멸에 이르지 않는 것이 있을 수 있겠느냐."

고 타이르면서, 다시

"아난다여, 그대는 자애에 넘치는 행동과 말과 마음으로 나를 섬겨왔다. 그것은 둘도 없이 뛰어난 일이었다. 앞으로도 더욱 힘써서 속히 깨달음의 피안에 이르라."

고 격려했다.

마지막 말씀

석가의 임종이 가깝다는 소식을 듣고 제자와 신자들이 모여들었다.

석가는

"내가 설하고 가르친 법(가르침)과 율(계)이 내가 죽은 뒤에는 그대들의 스승이 되리라."

고 말한 다음, 후회가 없도록 궁금한 점이 있거든 지금 물어 보라고 일렀다. 거듭 권했으나 그들은 슬픔에만 잠겨 있었으므로

"그러면 그대들에게 말해 두겠다."

고 하면서 석가는 이와 같이 설했다.

모든 것은 바뀌어 가거니
게으름 없이 힘쓰라. (바야단마 상카라, 아파마디나 상파데타)

이것이 석가의 마지막 말씀이었다. 거기에 있던 사람들과 석가의 죽음을 전해 들은 사람들은 모든 것은 무상 · 변화한다는 석가의 가르침을 다시금 되새기면서도, 온 몸을 떨며 울고 슬퍼했다.

죽음의 의미

죽음의 서장(序章)

이상은 소승 열반경에 기록된 석가 만년의 모습이거니와, 대승 열반경에서는 석가의 임종이 첫머리가 되어 있다. 즉 서품(序品) 제1에, 2월 15일 사라 쌍수 밑에서 마지막 날을 맞이한 석가가 하루 밤낮에 걸쳐 설법을 하는 것이 서술되어 있다. 말하자면 석가의 죽음이 출발점이 되고 있어서, 대승 열반경의 의도가 어디에 있는지 어렴풋이나마 상상된다고 하겠다.

제1장을 요약하면 이렇다. 석가는 2월 15일에 죽음에 즈음하여

"곧 열반에 들겠으니, 만약 궁금한 것이 있거든 지금 거리낌

없이 물으라."

고 말씀했다. 그러나 시방 세계(十方世界)[3]로부터 달려온 사람들은 질문할 경황도 없었던지, 몸부림치고 울부짖으면서 마지막 공양을 드리려 했다. 그러나 죽을 때가 임박했음을 아는 석가는 이것을 받지 않았으므로 그들은 오직 피를 토하며 울 뿐이어서, 그 슬픔 때문에 사라 쌍수도 마치 흰 학처럼 바랬다고 한다. 일본 문학에 나오는 '학림(鶴林)'이라는 말은 여기에서 유래한 것이다.

자유 선택의 죽음

춘다품(純陀品) 제2에는 춘다(Cunda)의 마지막 공양 이야기가 나온다. 제1장에서 여러 사람들의 공양을 물리쳤던 석가가 춘다의 공양만은 받았다고 여기는 기록되어 있다. 왜 이런 설명 방법을 취하고 있을까. 그것은 춘다의 공양에 의해 죽게 되었다는 역사적 사실을 따른 것인 동시에, 춘다의 공양이 계기를 이룬 죽음의 의미를 해명하고, 나아가 죽음을 초월한 영원한 존재의 비밀을 파헤치려 한 것인 듯하다.

무상(無上)의 깨달음을 얻게 한 공양과 죽음에 이르게 만든 공양이 그 공덕에서는 차이가 없다는 설명이 이 춘다품에서도 되

3) 동 · 서 · 남 · 북 · 동남 · 동북 · 서남 · 서북 · 상 · 하에 있는 무수한 세계.

풀이되고 있다. 더구나 소승 열반경에서는 춘다를 위로하고자 한 것이 주된 목적이었고 그 말 자체에 별다른 뜻이 깃들어 있지는 않았으나, 여기서는 그 행위가 극히 중요시됨으로써 깨달을 때나 죽을 때나 붓다에게는 아무 변함이 없다는 증거로 이용되고 있다. 즉 석가는 춘다를 향해

> "일찍이 소녀로부터 우유 보시를 받고 깨달음을 얻었을 때나 지금 춘다에게서 음식 공양을 받아 죽음을 맞이한 때나 그 과보(果報)에는 차별이 없다. 왜냐하면 깨달은 이(붓다)의 몸은 영원한 것이어서, 태어난다든지 먹는다든지 죽는다든지 하는 일이 없는 까닭이다."

라고 말한 것으로 되어 있다.

즉 깨달은 사람인 붓다는 삶에서 죽음으로 떠밀려 가는 생활을 초월하여 영원한 존재(常身 · 法身 · 金剛身)가 된 것이어서, 그로부터 현실의 생사는 붓다에 의해 주체적인 전환을 함으로써 영원한 세계의 활현(活現) 장소가 되고 만다. 바꾸어 말하면 붓다는 영원의 세계를 나타내고 살리기 위해, 자진하여 생(生)을 선택하고 사(死)를 선택한다는 것이 된다. 붓다는 업력 소생[4]이 아니라 원력 소생[5]이며, 그 죽음은 임의 사명(任意捨命)이라고

---

4) 업의 원어는 karma이니, 어떤 결과의 원인으로서 '행동'을 관찰할 때 그 행위를 업이라 한다. 우리네가 태어난 것은 업의 힘이 원인이라는 것.

5) 여기서 말하는 원력이란 붓다가 중생을 구제하기 위해 세운 서원. 그 힘에 의해 태어났다는 것.

불리는 까닭이다.

방편의 죽음

이것을 중생의 입장에서 보면, 붓다는 사람들로 하여금 먼저 이 세상에 대한 집착을 버리게 하고, 생사의 유전을 초월하게 하기 위해 죽음을 나타내 보인 것이 된다. 그러기에 석가는 여러 사람의 소망에도 불구하고 이렇게 설했다.

"내가 오래 이 세상에 머물 것을 원해서는 안 된다. 마땅히 세계를 보라. 모두가 다 무상하지 않은가. 생긴 것은 다 죽음으로 돌아간다. 수명을 장구히 누린다 해도 언젠가는 다하리라. 무릇 왕성한 것은 반드시 쇠하고, 만남에는 이별이 따르기 마련이다. 젊음은 오래 머물러 주지 않고, 건강한 사람도 병이 들게 되고, 목숨은 죽음에 의해 끊어질 수밖에 없다. 이처럼 그 무엇도 영원한 것이란 없는 법이다. 이 세상은 모두 무상하며, 무엇이거나 즐거운 것은 없다.

나는 이 사실을 꿰뚫어 이 세상에 대한 집착을 끊고, 이상의 피안(彼岸)에 건너가는 것이며, 모든 고통을 떠나 오직 더없는 즐거움을 받으려는 것이다."

석가는 이어서 이렇게 말했다.

"이 세상의 것 치고 무상한 성질을 안 지닌 것이 없다. 생겨서는 상주(영원)하지 못하고, 마침내는 멸(죽음)하고 만다. 춘다여, 마땅히 모든 것의 무아 · 무상 · 부주(不住)를 관(觀)[6]하라."

춘다는 붓다의 죽음이 자진해서 받아들인 임의 사명(任意捨命)이며, 우리로 하여금 이 세상에 대한 집착을 끊도록 하기 위한 방편의 죽음임을 이해하게 되었으나, 그래도 그는 슬픔을 억제할 수 없었다.

"붓다께서 방편을 위해 열반에 드시는 줄 알겠습니다만, 그래도 저는 가책을 느끼지 않을 수 없습니다."

그래서 석가는 거듭 타일렀다.

"모든 것은 다 환상 같은 것이니라. 내가 이제 네 공양을 받은 것은 너로 하여금 생사의 윤회로부터 벗어나게 하고자 생각했기 때문이다."

6) vipaśyana. 지혜의 눈으로 사물을 식별하는 것.

무상의 투시

인생의 포기

춘다가 석가를 위한 볼일로 자리를 떴을 때 대지가 여섯 가지 모양으로 진동했으므로, 사람들은 석가의 입멸(죽음)이 마침내 다가온 것을 느끼고 모두 슬퍼하며 울었다. 석가는 이에 죽음은 이 세상의 모든 존재가 반드시 받아야 하는 엄연한 도리라고 타이르면서, '영원'이라는 것의 비밀을 밝히기 시작했다. 이것이 제3장을 이루는 애탄품이다. 석가는 먼저 슬퍼하는 사람들에게

"너희는 마땅히 마음의 문을 열라. 그리고 근심과 슬픔을 떠나라. 붓다의 법은 모두 이러하니라. 그러므로 마땅히 울음을 그치라. 방일(放逸)[7]하지 않은 행위를 하기 바라며, 마음을 지

키고 생각을 바로잡아 온갖 비법(非法)[8]을 떠남으로써 스스로 의 위안으로 삼고 기쁨으로 삼으라."

고 설했다. 이런 무상에 대한 투시와 욕망의 포기는 석가에 의해 자주 강조되었다. 인생은 무상한 것이므로 본래는 그리 대단한 의미가 있는 것이 아니라는 것, 그렇게 달관하여 인생에 대한 집착을 끊고 끝없는 욕망에 사로잡히는 일을 그만두어 자기를 인생으로부터 해방할 것, 이런 것을 강조하여 거기에야말로 진정한 기쁨이 있음을 가르쳤다.

세 천사

이것과 관련하여, 노(老) · 병(病) · 사(死)를 세 천사에 비유한 재미있는 설화가 생각난다. 『아함경』의 천사품에 있는 이야기로 줄거리는 다음과 같다. 어느 날 석가는 제자들에게, 나쁜 짓을 해서 지옥에 떨어진 사람이 염라대왕과 주고받은 이야기를 통해서 이 세상에 세 천사가 있음을 말해 주었다.

"너는 인간 세상에 있을 때, 첫째 천사를 본 적이 없었더냐?"

"대왕이시여, 본 바가 없습니다."

"그러면 너는 나이가 들어 허리가 굽어 지팡이에 매달려 비

7) pramada. 착한 일에 마음을 두지 않고, 방탕 · 방자한 정신 작용.

8) 바른 도리에서 벗어난 일.

틀비틀 걷는 사람을 못 보았느냐?"

"대왕이시여, 그것이라면 보았습니다."

"너는 그 천사를 만났으면서, 스스로 늙을 것이며 착한 일을 서둘러 행해야 되겠다고 생각하지 않았던 까닭에, 그 결과로 지금의 보(報)를 받게 된 것이니라.

다음으로 너는 인간 세상에 있을 때, 둘째 천사를 본 적이 없었더냐?"

"대왕이시여, 본 적이 없습니다."

"그렇다면 너는 병에 걸려 혼자서는 일어나지도 못하고, 뼈가 앙상하게 마른 사람을 본 적이 없다는 말이냐?"

"대왕이시여, 그것이라면 보았습니다."

"너는 그 천사를 만났으면서, 스스로도 병들 몸임을 생각지 않고 몸이 성한 동안에 심신을 청정하게 하고자 애쓰지 않았기에, 이 지옥에 떨어지고 만 것이니라.

다음으로 너는 인간 세상에 있을 때, 셋째 천사를 본 적이 없었더냐?"

"대왕이시여, 못 보았습니다."

"그러면 너는 썩은 송장을 본 적이 없다는 말이냐?"

"대왕이시여, 그것이라면 보았습니다."

"너는 그 천사를 만났으면서, 스스로도 언젠가는 죽을 목숨임을 등한시했다. 그 때문에 이 보를 받게 된 것이니라. 네가 한 일은 너 자신이 그 보를 받을 수밖에 없지 않느냐?"

석가는 이런 문답을 들려 준 다음에

"제자들아, 이 노 · 병 · 사가 세상에 파견된 세 천사이니라. 천사의 깨우침을 받아들이는 이는 다행하며, 천사를 보고도 깨닫지 못하는 이는 영원히 슬퍼해야 하리라."

고 타일렀다.

무상의 노래

대승 열반경 성행품(聖行品) 제19에는 설산 동자(雪山童子)가 몸을 내던진 이야기가 전해 오는데, 그 속에 나오는 무상의 시(雪山偈)는 예로부터 많은 사람들의 입에 오르내려 유명해졌다. 석가의 전생담(前生譚)[9)]의 일종이다. 일찍이 석가는 히말라야 산(雪山)에서 엄격한 수도에 정진하여, 세상에서는 설산 대사라 불러 매우 존경하였다. 이때 그가 진리 탐구에 얼마나 열성인지를 시험해 보고자 생각한 제석천(帝釋天)[10)]이 악귀로 몸을 바꾼 뒤에 산에서 내려와 이렇게 읊었다.

모든 것 멈춤 없으니(諸行無常)
이는 곧 생멸의 이치여라(是生滅法).

9) 붓다가 전생에서 수도한 이야기. 물론 전설에 불과하다.
10) 도리천의 임금인 천인(天人).

이를 들은 대사는 마치 목마른 사람이 시원한 물을 만난 듯이 마음으로부터 기뻐했다. 그래서 다시 나머지 부분을 노래해 달라고 청했다. 그러나 굶주린 악귀는 그 대신 몸을 바칠 것을 요구했다. 대사가 쾌히 그것을 받아들였으므로, 악귀는 다시 시를 읊었다.

생멸을 아울러 없앤 다음(生滅滅已)
적멸[11])로 낙 삼으리(寂滅爲樂).

기뻐한 대사는 곧 근처의 돌과 나무에 그 시를 써 놓고 나서, 나무 위에서 악귀 앞에 몸을 던졌다. 그때 원래의 모습으로 돌아온 제석천은 공중에서 대사의 몸을 받아 고요히 땅에 놓았다. 그러고는 찬탄하기를 마지않았다.

"착하고 착하여라. 참으로 그대는 보살로서 모든 중생에게 큰 이익을 끼치고, 미혹의 어둠 속에 진리의 등불을 밝히는 이로다."

이상이 『열반경』의 제19장 성행품에 전하는 설산 대사 이야기이다. 그리고 일본의 '이로하 노래'[12]) 즉

11) 열반. 열반은 모든 작용이 끊어진 경지이므로 이렇게 번역한 것.
12) 일본 진언종의 개조인 고보 대사 구카이(空海)가 지은 노래. 이것은 '설산게'를 의역한 것인데, 일본 글자 50자가 모두 사용되고, 하나도 겹치지 않는 것으로 유명하다.

빛깔[13]은 풍기어도 지고 마는 것
이 세상 그 누구 무궁하리오.
유위(有爲)[14]의 깊은 산을 오늘 넘어서
얕은 꿈 안 꾸리, 취함도 없이.

는 이 설산게를 번역한 것이라고 한다. 어쨌든 거기에서 강조되고 있는 것은 무상에 대한 투시와 그것을 통한 인생의 초월이다. 성행품에서는 이 세상의 무상 · 고 · 무아 · 부정(不淨) 등에 관해

"나는 모든 존재가 무상하다고 본다. 인연(조건)에서 생긴 것이므로 무상임을 안다. 생겨서는 바뀌고 없어진다. 그러기에 일체의 것은 빠짐없이 무상하다. 무상하기에 고(苦)요, 고이기에 부정이다.

또 일체가 무아이다. 아(我)란 깨지지 않는 것 · 바뀌지 않는 것 · 독립 고정적인 것이다. 모든 것은 인연에 의해 생겼으므로 아가 없음을 안다."

고 설했다.

이와 같이 이 세상의 무상 · 고 · 무아 · 부정을 추궁함으로써, 이 세상에 대한 집착을 떠나게 되는 것이다. 그리고 거기에서 생

13) 색(色). 즉 일체의 존재. 만유.
14) saṃskṛta. 인연으로 만들어진 일체의 현상. 즉 범부의 세계.

사 대립의 현실을 초월하여, 영원 절대의 세계로 향하게 되는 것이다.

3. 영원에 대한 고찰

생사의 초월

행복의 탐구

17세기에 프랑스가 낳은 수학자요 물리학자이며, 『명상록』 등을 저술하여 종교 철학자로서도 이름을 날린 사람이 파스칼(B. Pascal, 1623~1662)이다. 그는 사람은 예외 없이 행복을 구하며 행복은 자살하고자 하는 사람까지도 포함한 모든 사람의 모든 행동 동기가 된다고 역설했다. 또 변호사 일을 보는 틈틈이 인생의 교사로서 많은 저서를 내어 사람들을 감화시킴으로써, 스위스의 성자라고까지 추앙된 힐티(C. Hilty, 1833~1909)는 『행복론』에서

"사람이 처음 의식에 눈뜬 시기부터 그 끝에 이르기까지, 가장 열심히 추구해 마지않는 것은 실로 행복의 감정이다."

라고 했다. 그는 행복이야말로 모든 사상의 열쇠이며 생활의 목표여서, 행복의 추구처럼 만인에게 통하는 것은 다시 없다고 강조했다. 그러기에 옛날부터 행복에 대해 교훈을 드리우는 사람이 자주 나타났던 것이며, 많은 행복론이 저술되기도 했다. 불교도 예외는 아니어서 행복에 이르는 길을 가르치는 종교이며, 석가도 행복을 추구 · 획득한 끝에 그것을 우리에게 설명해 준 것이다. 그러기에 원시 경전에서는

"이 세상에서 행복을 구하는 데 나보다 더한 사람은 없다."

(增一阿含 31 : 5)

고 설했고,

"이 세상의 여러 가지 힘 중에서 행복의 힘이 가장 뛰어나다. 어디에 가도 그 이상의 것은 없다. 불도(佛道)도 행복의 힘에 의해 달성되는 것이다."

라고도 설했다.

그러면 행복이란 무엇이며 무엇을 행복이라 보느냐, 즉 행복의 정의가 문제로 떠오른다. 일반적으로 행복이란 심신이 충족된 상태라고 할 수 있을 것이다. 그러나 그 상태가 일시적일 때는 진정한 행복이라고는 할 수 없다. 그래서 행복이란 그대로 바뀌지 않고 계속했으면 싶은 상태라고도 정의된다. 둘을 합쳐서

행복이란 영속적인 심신 충족의 상태라고 할 수 있겠다. 언제까지나 건강했으면, 언제까지나 젊었으면, 언제까지나 사랑이 변치 말았으면 하는 것은 누구나 바라는 바이다. 우리네 인간이 이렇게 영원성에 끌리는 까닭은 그것이 인간 본래의 세계요, 이상의 모습이기 때문이리라. 그러나 무상이야말로 인간의 현실상이며, 죽음으로 끝장이 난다는 사실을 부정할 길이 없다. 따라서 인간의 현실에서는 영속적인 심신 충족의 상태가 존재하지 않는다고 말할 수밖에 없다. 기묘하게도 인간은 본래 영원성 · 영속성을 갈망하면서도, 현실적으로는 이내 그것(영원성)에 싫증을 내고 권태를 느끼기 마련이다. 이것은 인간 마음의 무상성을 보여 주는 것이라 할 수 있을 터이다. 이리하여 현실 세계에는 영속적인 심신 충족의 상태가 전혀 존재하지 않는다는 것이다.

그럼에도 불구하고 우리는 건강이나 청춘이나 생명이 언제까지나 존속하는 것 같은 생활 태도로 살아가고 있다. 그리하여 그런 것들의 변화에 부딪히면 놀라고 당황해서 어찌할 바를 몰라 하는 형편이다. 이것이 우리네 일상 생활의 실태이며, 생사 윤회라는 말로 표현되는 미혹의 모습인 것이다. 석가는 이런 미혹을 깨우쳐 주고자, 먼저 인생은 무상한 것이어서 거기에는 영원한 안주지(安住地)가 없음을 강조했다.

생사의 상관

대승 열반경에서는 한걸음 더 나아가, 인생의 무상을 알고 죽음의 필연성을 인식했을 경우에는 그러면 어떻게 되는지에 논구의 역점을 두었다. 흔히 죽음에 직면하여 생각하는 것은 사후에도 생명이 존속하는가 하는 문제이다. 어떤 형태로든 생명이 존속했으면 하고 바라며, 영생 · 불사 · 불멸을 믿으려 든다. 그러나 한편에서는, 죽고 나면 그뿐이라는 생각이 머리에 떠올라 생명 존속에 대한 기대를 포기하기도 한다. 즉 사후에는 무로 돌아간다는 사상이어서, 사후에도 존재하는 것이 있다면 그것은 영원한 죽음이요 영원한 무라고 생각하는 것이다. 대승 열반경은 이 두 가지 생각을 다 어슷비슷한 망상이라고 비판한다. 전자는 삶(有)의 한편에 집착한 것이요, 후자는 죽음(無)의 한편에 얽매인 것이라 보는 까닭이다. 그리고 생과 사는 상관(相關)하는 것이어서 하나를 취하고 다른 쪽을 버릴 수는 없다는 것, 포기 · 초월은 양자의 포기 · 초월(不生不滅)이어야 한다는 것, 그리하여 거기에만 영원한 것이 존재한다는 사실을 밝혔다. 이에 관해 성행품 제19에 다음과 같은 '자매 공구(姉妹共俱)'의 비유가 나온다.

어느 부잣집 주인이 절세 미인을 만났다. 이름을 물었더니 '공덕대천(功德大天)'이라 대답하고, 재물을 늘리는 직분을 맡고 있다는 것이었다. 매우 기뻐한 부자는 정중히 맞아들였다.

얼마 지나 부자는 또 한 여자를 만났다. 때가 더덕더덕 끼고 매우 추했다. 물어 보았더니 '흑암(黑闇)'이라는 이름으로 재물을 없애는 구실을 한다는 것이었다. 그 말을 들은 부자는 칼을 들이대며 욕했다.

"냉큼 꺼져 버려라. 우물쭈물하면 죽이고 말겠다."

그 여자가 대꾸했다.

"당신은 어리석기도 합니다. 댁에서 맞아들인 여자는 내 언니인데, 나는 언니와 늘 같이 있게 되어 있습니다. 만약 나를 내쫓는다면, 우리 언니도 내쫓아야 할 것입니다."

그래서 당황한 부자는 집에 들어가서 공덕대천에게 물었다.

"웬 여자가 밖에 있는데, 당신의 동생이라 하니 그것이 사실인가?"

"그렇습니다."

공덕대천이 대답했다.

"그 사람은 내 동생임에 틀림없습니다. 나는 그 동생과 함께 살아야 하며 서로 떨어지지 못합니다. 만약 나를 사랑하신다면 내 동생도 사랑하셔야 합니다."

주인은 소리쳤다.

"그렇다면 함께 나가거라."

이리하여 부자는 자매를 쫓아 버렸다.

이 비유에서 언니는 생(生)을 나타낸 것이요, 동생은 죽음을 상징한 것이다. 생이 있는 곳에 사가 있기에, 생사는 서로 떨어질 수 없음을 밝히고, 나아가 생을 원하고 사를 싫어하는 그릇된 견해를 바로잡고자 한 것이다. 이에 곁들여 이 우화에는 자매가 가난한 집을 찾아갔더니 그 집 사람은 둘을 기꺼이 맞아들였다는 이야기가 나온다. 이 경우에는 거꾸로, 희망을 잃고 생에 절망하여 죽음에 빠지고 만 니힐리스트를 비유한 것이라 할 수 있겠다.

'자매 공구'의 비유는 생(有)에 집착하는 것이나 죽음(無)에 빠지는 것이나 둘 다 잘못이어서, 생사를 함께 버리고 이를 초월하는 곳에 깨달음이 있으며, 영원은 생사 어느 한쪽에 있는 것이 아니라 양자를 초월하는 데에 있음을 가르치고 있다.

생사 일대사

공자는 제자로부터 죽음에 대해 질문을 받고

"아직 생을 모르겠거니, 어찌 죽음을 알랴." (論語 先進篇)

라고 대답했다. 이것은 주어진 삶을 충실히 사는 것 외에는 모두 쓸데 없는 일이라는 뜻이다. 여기에 유교의 특색이 있다 하겠다. 그런데 불교는 생사를 추궁하여 해명하는 것으로써 근본을 삼는다. 이를테면 도겐(道元)[1]은

"생을 밝히고 죽음을 밝힘은 불가(佛家) 일대사의 인연이다."

(正法眼藏)

1) 일본 조동종의 개조(1200~1253). 중국에 유학하고 돌아와 크게 선풍(禪風)을 떨쳤다. 저서로는 『정법안장』이 유명하다.

라고 했다. 이른바 '생사 사대(生死事大) 무상 신속(無常迅速)'이다.

니치렌(日蓮)[2)]의 유문에도

"묘(妙)는 사(死)요, 법(法)은 생(生)이다. 이 생사의 두 법이 십계(十界)의 당체(當體)이다."

"묘법연화경이라 부르는 것을 생사 일대사의 혈맥이라 이른다."

고 하여 '생사 일대사'가 강조되었고, 생사를 밝히는 것이 곧 진리(妙法)를 해명하는 것이라 했다.

이것은 한두 가지의 보기를 든 데 지나지 않는다. 불교는 예로부터 항상 생사를 일대사라 하여 그 해명에 주력해 왔으므로, 생사에 관해 언급한 보기를 들자면 일일이 헤아릴 수 없을 지경이다. 오래된 것으로는 이미 『법구경』에

"사람이 비록 백 년을 산다 해도 생사를 밝혀 내지 못한다면, 하루를 살면서 생사의 도리를 해명함만 못하다." (113)

라는 말이 보인다. 따라서 불교 안에는 생사에 얽매이고, 생사를

---

2) 니치렌(1222~1282)은 법화경을 최고의 진리라 자각한 데서, 니치렌종을 세웠다. 『묘법연화경』의 칭호를 부르게 하고, 다른 종파에 대해서는 절복(折伏)을 주로 했다.

해명하지 못하는 범부에 대해 이를 통렬히 개탄하는 말이 적지 않게 전한다. 이를테면 구카이(空海)[3]는

> "태어나고 태어나고 태어나고 태어나면서 생의 처음 일에 어둡고, 죽고 죽고 죽고 죽으면서 죽음의 끝 일에 대해 모른다."
>
> (秘藏寶王)

고 한탄했다.

이와 같이 생사를 해명하는 것이 불교의 근본이며, 생사를 초월하는 것이 불교의 목적이다. 니르바나(열반) 즉 영원한 경지는 이 생사 초월에서 발견되는 것이다.

---

3) 고보 대사(774~835). 중국에 유학하고 돌아와 진언종을 세웠다.

영원의 특성

열반의 삼덕 · 사덕

앞에서 언급한 애탄품으로 다시 돌아가자. 석가는 스승의 죽음을 슬퍼하는 제자들에게 생자 필멸의 이치를 이해하여 인생에 대한 집착을 끊으라고 설하고 나서 이윽고 다시 제자들에게 권했다.

"만약 궁금한 것이 있거든 지금 마땅히 물어라. 상 · 무상 · 멸 · 불멸 · 고 · 불고 · 진(眞) · 부진 · 유 · 무 · 공 · 불공(不空) · 이(二) · 불이(不二) 같은 문제에 의문이 있으면, 지금 마땅히 물어라."

이번의 권고는 저번 것에서 한걸음 나아가, 영원한 존재의 문제를 들추어 내고 있음이 주목된다. 사실 석가는 이 권유에 이어서

"나는 이제 마땅히 모두 비밀의 법 속에 안주(安住)케 해주리라. 그 비밀의 법이란 마치 '이(∴)'라는 글자의 석 점과도 같으니라. 그것은 가로 늘어놓아도 세로 늘어놓아도 '이'가 되지 않는다. 대자재천(大自在天)[4]의 세 눈과 같아야 비로소 '이'가 될 수 있다. 석 점이 따로 떨어져도 '이'는 되지 않는다.

법신(法身)·반야(般若)·해탈의 셋이 영원의 모습(相)이다. 이 중의 어느 하나가 결여되어도 영원(열반)이라고는 못한다. 또 서로 달라도 영원은 되지 않는다. 나는 이 세 가지 법에 의해 영원한 세계(열반)에 안주하느니라."

고 설했다. 법신·반야·해탈은 영원한 존재의 세 가지 특성(열반의 삼덕)을 나타낸 것이다. 법신이란 영원한 진리를 몸으로 하고 있음을 가리키고, 반야란 생사를 해명하는 지혜를 이르며, 해탈은 생사의 초월을 말한다. 즉 진리·지혜·초월의 셋이 영원한 세계의 특성인 것이다. 이 셋은 셋이면서 하나, 하나인 동시에 셋이어서, 하나도 아니요 다르지도 않은 관계에 있으며, 또 가로도 세로도 될 수 없는 점에서 '이'의 석 점, 또는 대자재천

4) Mahe vara : 눈은 셋, 팔은 여덟으로 큰 위덕을 갖추었다고 하는 신. 물론 불교 이전의 인도에서 생각된 신으로, 이 신을 우주의 창조주로 보는 견해도 있다.

의 세 눈에 비유된 것이다. '이'의 석 점이란 산스크리트 문자의 '이(𑖂)'가 솥의 발 모양을 이루고 있음을 말한다. 대자재천의 눈도 그와 비슷해서 ∴의 모습을 띠고 있는 것이다.

한편 영원한 세계는 또 '상(常)·낙(樂)·아(我)·정(淨)'을 특성으로 한다(열반의 사덕)고도 설해졌다. '상'은 상주(常住)이니 시간론에 입각하여 영원의 세계를 규정한 것이고, '낙'이란 지복(至福)이니 이것은 행복관에서 규정한 것이며, '아'는 자아여서 존재론으로부터의 규정이다. 그리고 '정'은 순수·청정을 말함이니 윤리관에서 내린 규정이다. 영원의 세계란 상주 불멸·확고 부동의 세계인 동시에 지복·청정의 세계라는 주장이다.

이종의 사도견(四倒見)

그런데 '상·낙·아·정'에 대해, 그릇된 견해(倒見)를 갖는 수가 있다.

"고(苦)를 낙(樂)이라 헤아리고 낙을 고라 헤아리는 것, 이것이 전도(顚倒)의 법이다. 무상을 상이라 헤아리고 상을 무상이라 헤아리는 것, 이것이 전도의 법이다. 무아를 아(我)라 헤아리고 아를 무아라 헤아리는 것, 이것이 전도의 법이다. 부정을 정이라 헤아리고 정을 부정이라 헤아리는 것, 이것이 전도의 법이다. 이런 네 가지 전도법이 있다."

즉 현실 세계는 무상 · 변화의 고장이어서 그 속에 있는 일체의 존재는 확고 부동 · 독립 고정한 실체(我)를 가지지 못했고, 이 세상은 고통과 부정에 차 있음에도 불구하고, 이를 영원 상주의 세계인 듯 착각하여 그 속에서 언제까지나 변치 않고 멸하지 않으면서 존속하는 것(我)을 구하고, 낙(樂)과 정(淨)만을 추구하려는 것, 이것이 첫째의 사도견이다. 이 거꾸로 된 생각은 생(有)에 집착한 것이라 하여 '유위(有爲)의 사도견'이라 부른다.

우리는 이 세상의 모든 존재(諸法)가 영원토록 거기에 있다고 집착한다(法我見). 이를테면 청년은 청춘이, 건강한 사람은 건강이, 부자는 재물이, 집권자는 권력이 언제까지나 존속할 것처럼 알고 생활한다. 애인들은 영원한 사랑을 맹세하고, 자식은 부모를 영원한 보호자인 듯 의지한다. 이와 같이 무엇을 영원 상주의 것인 양 고집하고, 또 좋은 것과 즐거운 것을 추구하여 자기 소유로 만들고자 한다(人我見). 이것이 사도견의 상 · 낙 · 아 · 정의 모습이다. 석가는 이런 사도견을 깨기 위해 먼저 인생의 무상 · 무아 · 고 · 부정을 설했던 것이다.

그러나 한편에서는 제2의 사도견이 생기게 된다. 그것은 인생이 무상 · 변화하는 것이라는 말을 듣고, 모든 것은 죽음에 이르는 존재요 무로 돌아갈 것이니까, 마음을 붙일 가치가 있는 것은 어디에도 없다고 생각하여 행복에 대한 희망을 버리고, 애정이니 순정이니 하는 것을 믿지 않아서 삶의 즐거움을 상실하고 만 허무적인 인생관이니, 이것을 '무위(無爲)의 사도견'이라 부른다. 석가는 이 사도견을 깨뜨리고자, 여기서는 상 · 낙 · 아 · 정의 영원한 세계(열반)에 대해 적극적으로 설명하고 있다. 따라서 이 열반의 사덕으로서의 상 · 낙 · 아 · 정과 첫째의 사도견인 상 · 낙 · 아 · 정은 엄밀히 구별되어야 할 것이다.

> "세간에도 상 · 낙 · 아 · 정이 있고, 출세간[5]에도 상 · 낙 · 아 · 정이 있다. 그러나 세간의 것은 말은 있으나 뜻이 없고, 출세간의 것은 말과 뜻을 아울러 지니고 있다."

즉 범부가 지니는 상 · 낙 · 아 · 정이란 말뿐이어서 진실성이 없다는 것이다. 그러므로 열반의 사덕으로서 설해진 상 · 낙 · 아 · 정은 상견(유에 대한 집착)으로서의 첫째 사도견과 단견(무에 대한 집착)으로서의 둘째 사도견의 양자를 초월한 것이어서, 본래는 유무 · 생사 · 상과 무상의 대립을 넘어선 비유 비무(非有非無) · 불생 불멸 · 비상 비무상(非常非無常)의 공으로서 존재하는 것이다. 제11장 사도품(四倒品)에 다시 사도견이 나오고 있거니와, 이를테면 상 · 무상에 관해서

> "무상에 상상(常想)[6]이 있고, 상에 무상상(無常想)[7]이 있으니, 이를 전도된 견해라 한다."

---

5) 出世間. 범부의 세계를 초월한 진리의 세계. 또는 세속을 세간, 불법을 출세간이라고도 한다.
6) 상주한다는 생각. 곧 변화하는 것을 영원한 것처럼 생각하는 집착.
7) 상주하는 것을 무상하다고 보는 생각.

고 평하면서,

"공(空)의 수행 없이 영원의 수명을 누리겠다는 것은 전도된 견해이다."

라고 설한 바 있다. 즉 공(空)이 포착되지 않고는 영원을 알 수 없으며, 진정한 영원은 무상에 대한 상, 상에 대한 무상을 초월한 공에 존재한다는 이야기이다. 고·낙에 대해서도 같은 설명이 베풀어졌다.

아·무아에 대해서는

"무아에 아상(我想)이 있고, 아에 무아상이 있으니, 이것을 전도된 견해라 한다."

고 평하면서,

"세상 사람들도 아(我)가 있다 생각하고, 불법에서도 아가 있다 설한다. 세상 사람들은 아가 있다고 여기지만, 그러나 불성(佛性)은 없다. 무아 속에서 아상(我想)을 일으킨다 함은 이것이니, 전도된 견해이다. 불법에서 있다는 아는 곧 불성이다."

라고 말했다. 즉 세상에서 말하는 아(我)는 아집·아욕에 의해 세워진 그릇된 이미지여서, 진실한 아를 포착한 것이 될 수는 없으며, 아가 없는 곳에 수립된 거짓 아에 지나지 않는다. 이에 대해 불교에서 주장하는 아는 아집 · 아견 · 아상을 초월하는 것에 의해, 바꾸어 말하면 무아가 되는 것에 의해 파악된 진정한 아라는 뜻이다. 미혹이 없어진 진정한 자기가 되는 까닭에 '불성' 일 수 있는 것이다. 석가는 세상 범부들의 망령된 집착을 깨기 위해 무아를 설했다. 그러나 그것은 진정한 자기라든지 진정한 의지처 따위가 없다고 생각하는 부정적 · 허무적인 견해에 동조한 것은 결코 아니다. 그렇게 생각한다면, 아견(我見)이 미혹인 것과 마찬가지 의미에서 미혹된 무아견이 되고 말 것이다. 불성으로서의 아는 그 양자를 넘어선 곳에 있는 것이며, 진정한 아란 아견 · 무아견의 허망된 분별을 초월한 무분별의 공(空)에서 포착되어야 하는 것이다.

부정관(不淨觀)의 참뜻

정 · 부정에 대해서도

"정에 부정상(想)이 있고 부정에 정상(想)이 있으니, 이를 전도된 견해라 한다."

고 평하면서,

"붓다는 무상을 면할 수 없고, 육체에 얽매인 존재라고 하는 것은 전도된 견해이다. 그러나 이 세상의 어느 하나라도 부정한 것은 없으므로 청정한 곳에 들어갈 수가 있다는 것이 붓다가 설한 부정관이라고 말하는 사람이 있다면, 이것 또한 전도된 견해이다."

라고 말했다. 진리를 깨달아 붓다가 된 석가는 육체적 제약이나 육체적 욕망으로부터 해방되어 자유롭게 된 존재이다. 그런 뜻에서 붓다인 석가는 영원의 존재이며 청정한 존재이다. 그것을 유한한 존재요 부정한 몸이라고 생각한 끝에 이 세상에 청정한 것은 아무것도 존재하지 않는다고 보는 것은 전도된 견해이다. 한편 이와 반대로 부정한 것은 아무것도 없고 모두가 청정하다 생각하여, '부정관'이란 결국 이런 이치를 아는 일이라고 단정하는 것 또한 그릇된 견해라고 본 것이다.

무릇 '부정관'이란 가섭품 24에

"만약 탐심이 일어나거든 마땅히 부정을 관하라. 왜냐하면 탐애(貪愛)를 떠나기 위해서이다."

라고 설해지고, 또 교진여품 25에

"세 가지 병이 있으니, 탐(貪 ; 탐욕)이요 진(瞋 ; 성냄)이요 치(痴 ; 어리석음)가 그것이다. 부정관은 탐의 약이 되고, 자심관(慈心觀)은 진에 약이 되고, 인연을 관하는 지혜는 치에 대한 약이 된다."

고 나왔듯이, 탐욕 중에서도 특히 애욕의 망령된 집착을 끊기 위한 강력한 수단으로서 고안되고 시도된 것이었다. 이런 부정관은 불교 초기부터 설해져서, 이미 『수타니파타』 341에도

"애욕 때문에 청정해 보이는 외형을 버리고, 마음을 통일하여 신체의 부정함을 관하라."

고 나와 있다.

후일에 와서는 시체가 썩어 가는 모양을 응시하면서 부정관을 수행하는 방법이 생각되어, 썩기 시작할 때로부터 백골이 될 때까지를 9단계로 나누어 그것에 응해 '구상관(九想觀)'이 세워졌다. 시체를 통한 부정관이 몸에 배게 되면, 마침내는 산 사람까지도 해골로 보이게 된다고 한다(白骨觀). 이렇듯 처절하기조차 한 부정관이 고안된 것은 뒤집어 말하자면 얼마나 애욕에 대한 집착이 끊기 어려운지를 말하는 것이 될 터이며, 그 끊기 어려운 집착을 어떻게든 끊고자 하는 마음의 악전고투의 표현이라고도 할 수 있겠다. 문학의 소재로서 안성맞춤이 된 것도 그 때문이어서, 그것을 다룬 작품으로 근래에 와서는 다니자키(谷崎潤一郎)의 『소장 시게모토의 어머니』가 있다. 거기에는 시게모토의 아버지인 후지하라 구니스네(藤原國經)가 남에게 빼앗긴 아내에 대한 집착에서 벗어나기 위해, 썩어빠진 여자의 시체를 바라보

면서 부정관을 수행하는 장면이 묘사되어 있다.

부정관은 끊기 어려운 집착을 단절케 하고자 고안된 하나의 수도 방법이었다. 그러나 이번에는 그것에 집착하는 나머지 폐해도 생겨나게 되었다. 부정관에 대한 집중이 지나친 결과, 인생의 청정한 것까지도 일체 부정해 버림으로써 절망적인 허무감에 떨어져 버리는 경향이 생긴 것이다. 이것은 부정관에 얽매인 태도라 아니 할 수 없다. 집착을 떠나고자 하다가, 다시 일종의 집착에 빠지고 만 것이겠다. 그래서 이 집착에 빠진 부정관 또는 지나친 부정관을 경계하기 위해, 이번에는 영원히 아리따운 것 · 청정한 것의 존재가 적극적으로 설해지기에 이르렀다. 『열반경』에 나오는 '상 · 낙 · 아 · 정' 중의 정(淨)이 그것이다. 그것은 망집 · 전도의 정 · 부정을 넘어선 진정(眞淨)이요 순정(純淨)인 것이다.

불성(佛性)의 해명

불·여래의 의미

영원의 존재의 특성으로서 '상·낙·아·정'이 설해진바, 그 중의 아가 불성의 뜻임은 이미 지적했다. 이 불성의 해명은 대승 열반경이 특히 중점을 두고 있어서 "일체 중생에 다 불성이 있다.(一切衆生 悉有佛性)"는 말 같은 것은 『열반경』의 한 표어가 되고 있는 것이다. 불성은 여래장(如來藏)이라고도 부른다.

그 말은 깨달음의 성질이 우리 안에 간직되어 있다는 뜻 또는 우리가 깨달음의 세계 속에 들어 있다는 뜻이다.

붓다란 우주의 영원한 진리(법)를 깨달아 그것과 하나(如)가 되고(如去), 그것을 몸으로 하고 있는 사람(法身)이어서, 거기(진리)로부터 이 세상에 왔다(如來)는 뜻이다. 붓다(buddha)란 본래 깨달은 사람이라는 뜻이다. 그 깨달았다 함은 자기에 대한 집착을 떠나 우주의 진리 자체를 인식함으로써 그것과 일체가 되었다는 것이기에, 붓다를 타다가타(tathāgata), 즉 여래라고도 부르는 것이다. 타다가타는 '타다 · 가타(tathā-gata)'와 '타다 · 아가타(tath-āgata)'로 구분하여 생각할 수 있어서, 전자의 '여거(如去)'는 우주의 진리에 들어간다는 것, 즉 우주의 진리와 일체가 된 것을 뜻한다. 후자인 '여래(如來)'는 우주의 진리로부터 나왔다는 것, 즉 우주의 진리와 일체가 된 사람이 거기에서 현실 세계로 나와 그 진리를 살리고, 그 진리에 입각하여 사람들을 구제한다는 것을 뜻한다. 한역에서는 '여래' 쪽을 가지고 이 말의 뜻을 대표시켰던 것이겠다. 대승 열반경은 이 붓다 · 여래가 우주의 영원한 진리와 일체인 이이며, 그것을 본성으로 하고 있는 이(法身)로서, 영원 상주의 존재임을 강조했다. 이를테면 사제품(四諦品) 제10에서 "여래는 상주요, 변화하는 일이 없다(如來常住 無有變易)."고 설했고, 금강신품 제5에서는 여래의 몸이 '금강 불괴(金剛不壞)'[8]의 상주 법신임을 말한 것 따위가 그 보기이다.

그리하여 이 점으로부터 다시 석가란 무엇인가 하는 문제가 밝혀지게 되었다. 역사적으로 볼 때 석가는 인도에서 태어나서 수행을 거듭한 끝에 진리를 깨달았고, 80 고령으로 죽음을 맞이했던 것이 틀림없다. 그런데 사실 그는 본래부터 영원한 우주의

---

8) 금강석은 견고하여 부서지지 않는다는 뜻. '금강'은 견고한 까닭에, 진리의 그런 성질의 비유로 자주 쓰이었다. '금강경' · '금강신' · '금강저' 등이 그 보기이다.

진리와 일체인 붓다였던 것이요 상주 법신의 존재였으므로, 이 세상에서 나타낸 생사의 모습(生身 · 現身 · 應身)은 영원한 진리를 생사의 현실계에 살리고, 세상 사람들을 구제하고자 하는 교묘한 방편이었다는 것이다. 따라서 석가는 본래부터 붓다요 여래였으며 상주 법신임이 해명되어, 앞에서 든 춘다품 제2에서는 이미 본래적인 석가에 대해 언급되었음을 알게 된다. 즉 이런 말이 거기에 보이는 것이다.

"여래는 본래 식신(食身 ; 육체신) · 번뇌신이 아니며 후변신(後邊身 ; 무상신)이 아니다. 상신(常身) · 법신 · 금강신인 것이다."

또 금강신품 제5에서는 제자인 카샤파(迦葉)가

"저에게는 붓다께서 말씀하신 것과 같은 몸(法身)은 보이지 않습니다. 오직 무상하며, 괴멸하는 육체가 보일 뿐입니다. 왜냐하면 여래께서는 장차 열반에 드시려 하고 계시기 때문입니다."

라고 말한 데 대해

"카샤파여, 이제 마땅히 알라. 여래의 몸은 금강신이니, 너는 오늘부터 항상 이 도리에 전념할 것이며, 식신을 염해서는 안

되느니라. 또 사람들에게도 여래의 몸은 법신이라고 설하라."

고 타일렀다.

불과 법의 관계

이것을 법(진리)의 입장에서 볼 때, 우주의 영원한 진리는, 자연 과학에서 말하는 것과 같은 추상적인 자연의 이법일 수만은 없다. 그것은 진리의 비인격적인 일면만을 본 것에 불과하며, 우주의 영원한 진리란 살아서 우리들에게 작용하는 역사 형성적이요 생명적인, 그런 의미에서 인격적인 활동을 하는 것이라 보아야 한다.

이 생명적 · 인격적인 활동면에 주목할 때, 영원한 법(진리)이 있는 곳에 영원한 붓다가 있다고 주장되는 것이다.

이미 원시 경전인 『바카리경』(相應部 22 : 87)에

"법을 보는 이는 나를 보고, 나를 보는 이는 법을 본다."

는 말이 나오고, 『법화경』에서는 방편품 제2를 중심으로 우주 통일의 영원한 진리(妙法)를 밝혔으며, 다시 여래수량품(如來壽量品) 제16을 중심으로 해서는 영원한 통일적인 진리가 있는 곳에 영원한 통일적인 붓다(久遠佛)가 있음을 해명하고 있는 것이다. 특히 석가를 중심으로 그것을 설했는데, 즉 석가는 구원한 묘법

밑에 본래 구원의 붓다(久遠本佛)였다는 것이다. 또 정토 경전이 중심이 되는 아미타불은 '아미타유스(Amitāyus)'·'아미타바(Amitābha)', 즉 무량수(無量壽)·무량광(無量光)의 붓다라는 뜻이어서, 영원한 생명·영원한 광명을 표현한 것이다. 『화엄경』 등에 나오는 비로자나불, 즉 바이로차나(Vairocana)는 "광명이 널리 비친다(光明遍照)."는 뜻이다. 이와 같은 의미를 대승 열반경에서는 앞에서 말한 것처럼 '법신 상주'라는 말로 표현하고 있는 것이다.

그런데 대승 열반경은 다시 이 영원한 붓다가 우리 안에 내재(內在)한다는 것을 밝혔다. 그리고 이것을 나타낸 말이 불성이니 여래장이니 하는 따위이다. 우리는 안도 밖도 영원한 진리·영원한 붓다에 의해 메워져 있으므로, 그 안에 있는 영원한 진리와 영원한 붓다에 착안하여 불성·여래장이라고 명명한 것이겠다. 그것은 자기 안에 있는 진정한 의지처이며, 자기의 진정한 모습이며, 진실한 자기(眞我)이며, 영원한 자기·크나큰 자기(大我)임에 틀림없다. 그러나 이미 말했듯이 그것은 세상에서 생각하는 자기(我)와는 다르다는 점에 유의해야 한다. 세상에서 생각하는 자기란 아견·아상·아욕의 산물에 지나지 않는 데 그 까닭이 있다.

불성과 영혼

이를테면 영혼 불멸설이 그 좋은 보기이다. 그 설에서는 육체 속에 영혼이라는 실체가 쇠멸하는 육체와는 관계 없이 독립적으로 존재하고 있어서, 죽음에 의해 육체가 무로 돌아가고 나면, 그 영혼은 육체로부터 해방되므로 그 불멸하는 영혼에 의해 우리는 사후에도 존속한다고 본다. 그리하여 이 영혼이야말로 진정한 자기이며, 육체란 그 껍질에 지나지 않는다고 한다. 또 영혼은 자유로이 육체를 드나들 수 있다는 생각도 나타났다. 그리고 그 크기는 어느 정도일까, 어디에 있을까 하는 논쟁도 일어났다. 인도 바라문 사상의 아트만(ātman, 自我)설이 그것이어서 『카타카 우바니샤트』 6에는

"내부에 있는 아트만은 엄지손가락 크기의 영혼인데, 항상 사람들의 심장 안에 안주한다."

고 설해져 있다.

석가는 그릇된 자아설을 바로잡고자 아(我)는 상주하는가 무상한가, 영혼과 육체는 동일한가 다른가 따위의 질문에 대해 침묵을 지키는 한편 잘못된 자아 상주의 견해 · 영혼 불멸의 주장을 깨기 위해 일체가 무아임을 설했다. 즉 애탄품 제3에

"범부들이 아(我)를 헤아려, 그 크기가 엄지손가락 같다는 둥 겨자씨 같다는 둥 미진(微塵) 같다는 둥 하기도 하거니와, 내가 설하는 바는 그와 다르다. 그런 까닭에 제법 무아(諸法無我)라 일렀지만, 사실은 무아가 아니다. 제법(일체의 존재) 속에 아(我)

는 존재한다."

고 하고, 여래성품(如來性品) 제12에서는

"범부들은 아가 있다고 주장하여, 그 크기가 엄지손가락 같다느니 쌀알만 하다느니 피알 정도니 하며, 심장 속에 있어서 해처럼 뚜렷하다고 말한다. 그들은 아의 진상을 모른다. 모르면서 갖가지 모양으로 아를 분별하여 망령되이 아상(我相)을 논하고 있는 것이다. 이제 내가 설하는 진아(眞我)는 바로 불성(佛性)을 말함이다."

라고 한 것이 그런 보기이다.

이와 같이 영원한 자기 · 진정한 자기로서의 '불성' 내지 '여래장'은 통상적인 유 · 무의 생각이나 상 · 무상 · 무아의 생각을 넘어선 불이(不二) · 공(空)의 중도(中道)에서 발견되는 것이다. 여래성품은 이 점에 대해 자세히 설하고 있다.

"아(我)란 곧 여래장의 뜻이며, 일체 중생에게 불성이 있다 함은 즉 아의 뜻이다. 이 아는 항상 무량한 번뇌에 덮여 있으므로 사람들이 못 보니, 마치 가난한 여인이 집 안에 황금의 곳집이 있음을 알지 못하는 것과도 같다.

세상의 온갖 망상을 제거하기 위하여, 세속적인 생각을 초월한 진리(法)를 밝히기 위하여, 또 세상에서 말하는 아는 집착에 의한 망상일 뿐 진실이 아님을 나타내 보이기 위하여, 무아를 체득하여 몸을 청정히 하라고 가르친 것이다. 다시 말하면 공(空)의 도리를 닦게 하기 위하여 모든 것에 아가 있지 않다는 것을 설했던 것이니라."

불성의 진상

인생의 구조

사물의 진상을 묻는 경우, 항상 세 가지 각도에서 이루어진다고 볼 수 있다. 즉 '무엇(what)' · '왜(why)' · '어떻게(how)'의 세 가지가 그것이다. 그리고 이 셋 중에서 '무엇'이 근본이 된다. 이를테면 이것을 인생에 적용시킬 때 "인생은 왜 존재하는가." 즉 인생의 의의 · 가치 내지는 그 목적의 탐구와, "인생을 어떻게 살 것인가." 즉 인생을 살아가는 방법의 추구는, "인생이란 무엇인가." 즉 인생의 존재 구조의 탐구를 근본으로 하여 그것이 해명되는 것에 말미암아 대답이 나오게 된다. 말하자면 무엇 때문에 우리는 살아가는가, 인생의 목적은 어디에 있는가, 또 어떻게 살 것인가, 인생을 살아가는 길이니 방법이니 하는 것은 어디에 있는가 하는 것은 인생이란 무엇이며, 인생의 구조가 어떻게 되어 있는지를 이해하기 전에는 알 수 없다는 뜻이다.

그러므로 먼저 인생의 구조가 문제되거니와, 한마디로 인생이란 영원상(相)과 현실상의 이중 구조로 성립되어 있다고 할 수 있다. 현실상은 자타 · 생사 · 남녀 · 부자 · 장유 · 선악 · 미추 따위와 같이 대립하는 이상(二相)을 띠고 있는 것이 그 특징이다. 현실계의 온갖 현상(諸法)은 모두 이러한 AB 이(二)의 틀로 정리할 수 있을 터이다. 즉 AB 이가 현실계의 특징이며 현실상이라는 말이 된다. 그리고 이 AB 이는 각기 독립 · 고정된 불변의 실체가 아니라, 다른 것과의 관계 속에서 존재하고 변화하는 까닭에, 불교에서는 '상의성(相依性)' 이니 '연기성(緣起性)' 이니 하는 말로 나타낸다. 또 이런 특징을 현실계가 지니고 있다 하여 '생멸문(生滅門)' 이라 부르는 경우도 있다. 생멸 상관(相關)의 세계라는 뜻이다.

현실계의 온갖 존재 · 온갖 현상이 상의 · 상관의 양상을 띠고 있다는 것은 결국 그것들의 본성 · 본질이 불이(不二)라는 것을 말함이 된다. 즉 어느 AB 이를 놓고 보아도 A 내지 B는 각기 독립 · 고정된 존재가 아니라, B에 의해 A가 있고 A에 의해 B가 있는 바이며, B가 없으면 A가 없고 A가 없으면 B가 없게 된다. 따라서 이것을 바꾸어 말하면, A 내지 B는 AB 불이로서 각기 본성 · 본질을 삼고 있다는 말이 된다. 그리고 이 불이(不二)인 사물의 본성 · 본질이 바로 인생의 영원상이요 영원의 세계인 것이다. 왜냐하면 앞에서도 보기를 들어 설명한 바와 같이, 이를테면 말과 사람이 불이 일체가 되었을 때, 즉 "안장 위에 사람 없고, 안장 밑에 말이 없다."는 상태가 되었을 때 이상적인 승마의 상태가 되는 것이어서, 그것은 말과 사람이 그 본성 · 본질을 발휘함으로써 영원상 및 진실상을 포착한 것이라고도 볼 수 있는 까닭이다.

영원상의 특징인 불이는 또 공 · 허공이라는 말로도 표현된다. 왜냐하면 모든 한정의 초월이기 때문이다. 그런데 이 불이 · 공 · 허공인 절대적 영원은 AB 이의 상대적 현실을 멀리 떠난 곳에, 또는 그 위나 안에 상대적 현실과는 별도로 그것과 대립하여 존재하는 것은 아니다. 만일 그렇다면 절대적 영원이라고는 할 수 없게 된다. 그러므로 진정한 절대적 영원은 AB 이의 상대적 현실의 안팎을 메우고 있다고 할 수밖에 없다. 영원계의 이런 특징을 표현하여 불교에서는 '여(如)'니 '진여(眞如)'니 한다. '여'란 '있는 대로(tathā)', '진여'란 '있는 대로의 사실(tathāta)'이라는 뜻이다. 영원한 존재 즉 진리(法)는 AB 이의 현실 존재와 부정적 · 대립적으로 존재하는 것이 아니라, 그 있는 대로의 상태 즉 현실 자체에 있다는 뜻이다. 따라서 이런 특색을 가진 영원계를 '진여문'이라고도 부르게 된다.

우주의 진리

또 불교에서는 진리 일반을 일컬어 법(dharma)이라는 말을 쓰거니와, 원어인 '다르마'는 '지지자'가 본뜻이어서 그로부터

'법'은 현실의 사물을 지탱해 주는 근거라는 의미로 사용되었다. 그리고 온갖 사물에는 각기 그것들을 지탱해 주는 '법'이 존재한다 하여, 거기에서 '제법(諸法)'이라는 말이 생겨나게도 되었다. 그러나 온갖 사물이 불이(不二)를 본질·본성으로 하고 있다는 것은 제법(온갖 사물)이 따로따로 존재하는 것이 아니라 불이·평등의 전체적 하나를 형성하고 있다는 뜻이 되므로, 『법화경』 같은 데서는 그 점을 강조하여 묘법(妙法, saddharma)이라 부른 것이다. 또 '제법'은 현실의 온갖 사물·온갖 현상과 별개의 것이 아니기에, 온갖 사물·온갖 현상까지도 '제법'이라 일컫게 되기도 했다.

어쨌든 영원한 진리를 일반적으로 '법'이라 표현하고 세계를 '법계'라 불렀으며, '불이'·'공'·'허공'이라든지 '여'·'진여' 같은 말은 그 내용(법성·제법 실상)을 가리켰다. 그리고 이런 것들은 현실의 실제 상태와 별개가 아닌 까닭에 나가르주나(龍樹) 같은 이는 『대지도론(大智度論)』에서

"여(如)와 법성(法性)과 실제의 셋은 다 제법 실상의 이명(異名)이다."

라고 했던 것이다.

공·허공·진여로서의 영원의 진리·존재를 인격적으로 표현하면 '붓다'니 '여래'니 하는 말이 되려니와, '불성'이나 '여래장'이란 현실계에 내재하는 붓다 내지 여래를 말한 것이어서, 앞

에서 든 도식에 따른다면 AB 이의 틀에 에워싸여 있는 부분을 가리키는 것이 된다. 그것은 AB 이의 틀 안에 개별적인 존재로서 숨어 있는 것이 아니라, 틀 안 전체를 차지하며 또 틀 밖 전체이기도 하여, 그런 뜻에서 본래 무한정한 공 · 허공 · 여 · 진여로서 존재하는 것임이 분명하다. 이것이 불교의 안목이며, 이것을 간과할 때 불교의 진리관, 나아가서는 불교 자체를 이해하지 못하게 된다. 그리하여 적극적으로 불성 · 여래장을 내세워 법신상주니 상락아정이니 하는 것을 설한 대승 열반경도 먼저 이 불교의 기본선 · 근본적 입장을 확실히 밝히고자 애썼다. 즉 불성 · 여래장, 전체적으로 말한다면 붓다 · 여래 그리고 영원계가 공의 상태로 존재함을 강조했다.

허공 불성

성행품(聖行品) 제19에

"진실이란 곧 여래, 여래란 곧 진실이다. 진실이란 곧 허공, 허공이란 곧 진실이다. 진실이란 곧 불성, 불성이란 곧 진실이다."

라고 하여 여래 · 불성 · 허공 · 진실의 동일성이 설해지고, 그런 까닭에 "한 도(道)가 청정할 뿐, 차별(二者)이 없다."면서 잇따라

"불성은 무생 무멸(無生無滅) · 무거 무래(無去無來)이다. 과거도 아니요, 미래도 아니요, 현재도 아니요, 인(因)에서 말미암는 것도 아니요, 무인(無因)도 아니요, 태어남도 아니요, 낳는 것도 아니요, 상(相)도 아니요, 무상도 아니요, 이름 있는 것도 아니요, 이름이 없는 것도 아니요, 마음도 아니요, 물질도 아니요, 장(長)도 아니요, 단(短)도 아니다.

허공은 무위(無爲)이다. 그러기에 상(常)이라 이른다. 불성은 무위이다. 그러기에 상이라 이른다. 허공이란 곧 불성, 불성이란 곧 여래, 여래란 곧 무위, 무위란 곧 상(常)이다.

여래란 허공 · 불성이다. 허공은 생기는 것도 나오는 것도 아니고 만드는 것도 만들어지는 것도 아니며 유위법도 아니다. 여래 · 불성도 또한 그와 같다."

라고 하여 여래 · 불성 · 허공 · 무위가 동일함을 강조했다.

사자후보살품 제23에서는 석가가 열반에 들려 하매 제자들이 세상에 머물러 주십사고 청한 데 대해

"일체의 존재는 무주(無住)[9]를 본성으로 하고 있거늘, 그대들은 왜 나에게 머물러 달라고 말하는가. 대저 무주란 이름 붙여 허공이라 한다. 여래의 성품은 이 허공과 같거늘, 왜 머물러 달라고 말하는가.

9) 인연에 따라 생기고 바뀔 뿐 잠시도 머물지 않는 것.

또 무주는 금강 삼매(三昧)[10]라고 한다. 금강 삼매는 곧 여래이다. 왜 나에게 머물러 달라고 말하는가.

또 무주는 시종(始終)이 없음을 이름이다. 여래의 성품은 시종이 없거늘, 왜 머물러 달라고 말하는가.

또 무주는 무변 법계를 말함이다. 무변 법계는 곧 여래거늘, 왜 머물러 달라고 말하는가.

또 무주는 수능엄 삼매(首楞嚴三昧, sūramgaṃa-samādhi)를 가리킴이다. 수능엄 삼매는 일체법을 인식하여 집착함이 없기에, 그 집착 없음을 따서 수능엄이라 하는 것이다. 여래는 수능엄 삼매를 갖추었거늘, 왜 머물러 달라고 말하는가."

라고 하여, 여래는 일체의 한정을 초월한 존재로서 허공 · 무변 법계를 성품으로 삼고 있으며, 그런 의미에서 무주 · 무착(집착이 없음)임을 역설했다. 다시 계속하여

"이를테면 허공은 동서남북 · 사유(四維)[11] · 상하에 한정(住)되지 않는 것처럼, 여래 또한 동서남북 · 사유 · 상하에 한정됨이 없다."

라고 하여, '시방(十方) 무주'의 '허공 여래'임을 밝혔다. 또 영원의 경지인 '열반'에 대해

---

10) samādhi. 마음을 한 곳에 집중한 상태.

11) 동북 · 동남 · 서북 · 서남.

"열반을 무상(無相)이라 이른다. 상(相)에 십상이 있으니, 이른바 색(色) · 성(聲) · 향(香) · 미(味) · 촉(觸) · 생(生) · 주(住) · 괴(壞) · 남(男) · 녀(女)의 상이 그것이다. 열반에는 이런 상이 없다. 그러므로 무상이라 하는 것이다.

대저 상(相)에 집착하는 사람은 어리석게 되기 마련이다. 어리석음 때문에 애욕이 생기고, 애욕 때문에 번뇌(縛)가 생기고, 번뇌 때문에 생(生)을 받고, 생을 받는 까닭에 사(死)가 있고, 사 때문에 상(常)이 없다.

상(相)에 집착하지 않으면 어리석음이 생기지 않고, 어리석음이 생기지 않는 까닭에 애욕이 없고, 애욕이 없는 까닭에 번뇌가 없고, 번뇌가 없는 까닭에 생을 받지 않고, 생을 받지 않는 까닭에 사가 없고, 사가 없는 까닭에 상(常)이라 한다. 이런 뜻에서 열반을 상(常)이라 부르는 것이다."

라고 하여 '무상(無相) 열반'을 강조했다. 그리고 앞에서 영원의 특성이라 하여 든 바 있는 열반의 삼덕(법신 · 반야 · 해탈)과 사덕(常 · 樂 · 我 · 淨)에 관련해서는

"능히 법계 · 법성을 알고 몸에 상 · 낙 · 아 · 정을 갖추는 것, 이것을 대열반이라 이른다. 그 정상(定相)[12]은 공 삼매(空三昧)[13]라 부르고, 혜상(慧相)[14]은 무원(無願) 삼매[15]라 부르며,

12) 정, 즉 마음이 통일된 모습.

13) 모든 것은 인연으로 이루어졌으므로 실체가 없다고 관찰하는 삼매.

사상(捨相)[16]은 무상(無相) 삼매[17]라 부른다."

라고 하여, 공 · 무원 · 무상의 상태가 열반의 경지임을 설했다. 이것을 불성(佛性)과 관련시켜 말하면

"중생의 불성은 불일(不一) · 불이(不二)이다. 제불(諸佛)과 평등하여 마치 허공과 같다. 일체 중생에게 다 이것이 있다."

고 하게 되는 것이다.

---

14) 지혜의 상태.
15) 모든 것을 관찰하고 더 바랄 것이 없어지는 삼매.
16) 고 · 낙의 어느 쪽에 치우침이 없이 중용을 얻은 마음의 모양.
17) 열반은 상(相)이 없다고 관찰하는 삼매.

4. 영원한 존재와 인간계

절대의 영원

절대의 절대

여기서 주의해야 할 일은 앞에서 무위 · 무상 · 무원 내지 공이라 했다 하여, 그것을 유위 · 유상 · 원 내지 불공(不空)에 대립하는 말이라고 받아들여서는 안 된다는 점이다. 사실은 그런 상대적 관념을 넘어서야 한다는 의미로 사용되고 있는 것이어서, 만약 유위에 대한 무위라는 따위로 해석한다면 그런 무위는 부정되어야 옳다. 광명변조고귀덕왕보살품 제22에는

"여래의 열반은 유도 아니요 무도 아니다. 유위도 아니요 무위도 아니다. 유루(有漏)[1]도 아니요 무루(無漏)[2]도 아니다. 상(相)도 아니요 상 아님도 아니다. 유도 아니요 유 아님도 아니

다. 물질도 아니요 물질이 아님도 아니다. 인(因)도 아니요 과(果)도 아니다. 대립도 아니요 대립이 아님도 아니다. 광명도 아니요 흑암도 아니다. 나감도 아니요 나감이 아닌 것도 아니다. 상(常)도 아니요 상 아님도 아니다. 끊어짐도 아니요 끊어짐이 아닌 것도 아니다. 처음도 아니요 끝도 아니다. 과거도 아니요 미래도 아니요 현재도 아니다. 음(陰)[3]도 아니요 음 아님도 아니다. 입(入)[4]도 아니요 입 아님도 아니다. 계(界)[5]도 아니요 계 아님도 아니다. 십이 인연[6]도 아니요 십이 인연 아님도 아니다."

라고 설해져 있다.

영원한 존재와 세계를 이렇게 대립하는 관념의 부정으로 나타내는 것은 불교의 일반적인 특징이거니와, 이것을 한마디로 표현하여 불이(不二) · 공이라 하는 것이다. 불교에서는 흔히 참으로 절대적인 영원을 추구하기 때문이다. 즉 A에 대해 B의 절대를 주장한대도, 그 절대인 B는 A에 대립하는 것이니까 진정한 절대라고는 할 수 없다. 그래서 AB 불이 · 공에 진정한 절대가 있다고 말하게 되는 것이다. 이것에 대해 명확히 이론화한 사람

1) sārsrava. '누설'이라는 뜻이니 곧 번뇌.
2) anāsrava. 번뇌가 끊어진 상태.
3) 곧 오온(五蘊). 색온 · 수온 · 상온 · 행온 · 식온.
4) 감각 기관과 객관이 서로 교섭하여 인식 작용을 일으키는 것.
5) dhātu. 층(層) · 기초 · 요소의 뜻.
6) 미혹의 인과를 열 둘로 나눈 것. 무명 · 행 · 식 · 명색 · 육처 · 촉 · 수 · 애 · 취 · 유 · 생 · 노사.

으로서 천태 대사 지의(智顗)를 들 수 있을 터이다. 상대와 절대의 관계는 철학과 종교의 중심 문제여서, 서양에서는 18세기 말 헤겔(Hegel, 1770~1831)이 나와 그 명확한 논리화를 감행했다. 그런데 불교에서는 이미 6세기에 중국의 천태 대사가 그것을 성취하고 있으니, 세계 철학사상 놀라운 업적이라 아니 할 수 없겠다.

천태 대사는 『법화경』(원명은 『묘법연화경』)의 '묘법' 이라는 말을 통해서 진정한 절대의 양상을 해명했다. 그는 『법화현의(法華玄義)』 2권 상편에서

"묘(妙)를 불러 절(絶)이라 한다."

고 갈파하여, 묘법의 '묘' 는 '절' 이라는 뜻, 즉 묘법이란 절대의 진리를 말하는 것이라 설했다. 그리고 다시 그 '절' 로서의 '묘' 에 상대묘(相待妙)[7]와 절대묘의 두 가지가 있음을 밝혔다. 상대묘란 '상대적 절대' 라는 뜻이어서, 대립하는 A에 대해 세워진 절대인 B는 A에 상대 · 대립하는 B이기에 진정한 절대라고는 볼 수 없으며, 그것을 절대라고 굳이 부른다면 상대적 절대라고밖에는 말할 수 없다는 것이다. 그래서 진정한 절대란 AB의 상대 · 대립을 다시 넘어선 AB 불이(不二)에 있다고 주장한 것이다. 이 '절대묘(絶待妙)' 야말로 '절대적(絶對的) 절대' 라고 할 수 있다.

---

7) 상대묘의 '대(待)' 는 상대의 '대(對)' 와 같은 뜻.

신(神)의 신(神)

여래에 대해 말한다면, 모든 한정을 넘어선 무한 · 절대의 영원한 존재인 까닭에, 시방 무주(十方無住) · 무상(無相)의 허공여래라 부른다는 것은 이미 앞에서 살펴보았다. 여기서 말하는 무한 · 절대 또는 무주 · 무상이 유한 · 상대 또는 주(住) · 유상(有相)에 대립하는 개념일 수 없다는 것은 새삼 말할 필요조차 없는 것이겠다. 그것은 그런 대립을 한걸음 넘어선 경지인 것이다. 이것을 절대에 대해 말한다면, 상대 · 대립에 대하는 절대(상대적 절대)를 초월한 절대의 절대(절대적 절대)임을 알아야 한다.

그러므로 여래는 '신의 신(天中天)'이라고 이미 옛날부터 불려 왔다. 흔히 상대적 존재인 인간에 대해 절대적 존재로서의 신이 대치(對置)되거니와, 그런 신이라면 인간에 대립하는 것인 까닭에 진정한 절대(신)라고는 볼 수 없을 것이다. 따라서 진정한 절대자로서의 여래는 그런 신(상대적 신)까지도 초월한 존재라 해서 신의 신이라 하는 것이겠다. 이리하여 고귀덕왕보살품 제22에도

"붓다를 일컬어 신의 신(天中天)이라 한다. 그러므로 여래는 신(天)이 아니요 신 아님도 아니다. 사람도 아니요 사람 아님도 아니다. 귀신도 아니요 귀신 아님도 아니다. 지옥[8] · 축생[9] · 아귀[10]도 아니요 지옥 · 축생 · 아귀가 아닌 것도 아니다. 중생도 아니요 중생 아님도 아니다. 법도 아니요 법 아님도 아니다. 색

(色)[11]도 아니요 색 아님도 아니다. 긴 것도 아니요 긴 것 아님도 아니다. 짧은 것도 아니요 짧은 것 아님도 아니다. 상(相)도 아니요 상 아님도 아니다. 마음도 아니요 마음 아님도 아니다. 유루(有漏)도 아니요 무루도 아니다. 유위도 아니요 무위도 아니다. 상(常)도 아니요 무상도 아니다. 환상도 아니요 환상 아님도 아니다. 이름도 아니요 이름 아님도 아니다. 정(定)[12]도 아니요 정 아님도 아니다. 유도 아니요 무도 아니다. 말도 아니요 말 아님도 아니다. 여래도 아니요 여래 아님도 아니다."

라고 설해져 있다. 여래라는 그 말조차 그것이 범부에 대립하는 뜻에서 한정적 · 고정적으로 파악될 때는 부정되어야 한다는 것이다.

불이(不二)의 평등

불성 · 여래장, 전체적으로 말하면 붓다 · 여래, 경계적(境界的)으로 말하면 열반 · 법계 따위 이런 것들은 A 대 B라는 대립 · 한정을 넘어선 비(非) A 비 B, AB 불이의 공 · 허공으로 존재한다. 그리고 이것은 모든 존재의 본래적인 양상이며, 본성이

8) 지옥에 떨어진 사람을 가리킨 것.
9) 동물의 세계.
10) 다툼만 일삼는 귀신. '아귀다툼' 이라는 말도 여기에서 나왔다.
11) 존재. 현상.
12) 선정. 정신 통일.

다. 이를테면 남녀의 존재에 대해 관찰할 때, 남녀는 본래부터 불이 · 평등이어서 그것을 본성으로 삼고 있으며, 그것이 바로 영원상(相)이요, 거기서 불성이 발견된다고 할 수 있다.

모든 존재의 본성이 필경 불이요 공이라는 사상은 대승 불교의 초기 경전인 『반야경(般若經)』에 이미 나타나 있거니와, 『법화경』에서도 이를테면 서품(序品) 제1에

"모든 존재의 성품은 차별적(二相)이 아니어서 허공과 같다."

고 설했고, 안락행품 제14에는

"일체의 존재는 공(空)이요 사실 그대로(如實)이며, 전도(顚倒)함이 없고, 움직이지 않고, 물러가지 않고, 옮기지 않고, 허공 같아서 실체가 없고, 언어를 초월하고, 생기지 않고, 나가지 않고, 유위가 아니고, 무위가 아니고, 무가 아니다."

라고 설했다. 그렇건만 우리네 범부는 표면에 나타난 현실의 차별상(二相)에 집착하는 나머지 이것이다 저것이다 분별하여, 그 결과로 미혹된 생활을 끊임없이 영위한다.

"그렇거늘 사람들은 망령되어 이것은 이것이고 저것은 저것이며 이것은 득(得)이고 저것은 실(失)이라 분별하고, 착하지

않은 마음을 일으키고 온갖 악업(惡業)을 지어 육도[13]를 윤회하고 온갖 고독(苦毒)을 받아서, 끝없는 동안을 그 속으로부터 벗어나지를 못하는 것이다." (同上)

『법화경』 방편품 제2에서는

"유무(有無) 따위 사견(邪見)의 숲을 헤맨다."

고 이것을 평하였다. 안락행품 제14에서는

"전도한 생각으로 유라든지 무라든지, 생(生)이라든지 생 아니라든지 분별하나니, 모름지기 마음을 통일하여 옴쭉 안하기를 수미산(須彌山, Sumeruparvata)같이 하며, 모든 것은 다 허공 같아서 실체가 없고 출몰(出沒)이 없고 상주 일상(常住一相)임을 관(觀)하라."

"상 · 중 · 하니, 유위 · 무위 · 실(實) · 부실(不實)이니 하는 것에 얽매여서는 안 된다. 이것은 여자, 이것은 남자라고 분별해서는 안 된다."

고 타이르고 있다. 또 여래수량품 제16에서는

13) 六道. 중생이 윤회하는 여섯 세계. 지옥 · 아귀 · 축생 · 아수라 · 인간 · 천인(天人).

"여래는 세계를 생기지도 않고 멸하지도 않고, 유도 아니요 무도 아니요, 실(實)도 아니요 허(虛)도 아니요, 동일하지도 않고 다르지도 않다는 식으로 있는 그대로(如實) 투시하시며, 범부가 세계를 보는 것 같이는 보시지 않는다."

라고 하여, 미혹을 떨쳐 버리고 깨달음을 얻어 실상(實相)과 하나가 되고 만 여래에 의해 공 · 허공으로서의 세계 본래의 모습이 있는 그대로 인식된다고 설했다. 방편품 제2에서도 이런 붓다의 심경을

"내, 일체를 보기를 두루 평등하며, 피차(彼此) · 애증(愛憎)의 생각이 조금도 없노라."

고 하였다.

상즉(相卽)의 영원

불이(不二) · 공(空)의 오해

그런데 비유 비무(非有非無) · 남녀 불이의 공 · 허공이라는 데에서 다시 문제가 생겼다. 비유 비무의 '비(非)'에 집착한 나머지, 남녀 불이라고 하니까 남자니 여자니 하는 구별이 없어지는 것을 이상으로 알아 공 · 허공을 아무것도 없는 상태(空無)인 양 오해하는 사람이 생겨난 것이다. 대승 불교로부터 소승의 무리라고 지탄받는 사람들 사이에 그런 경향이 나타났다. 이것은 비유 비무 · 남녀 불이라는 말이 유무와 남녀의 상대적 분별을 초월하는 의미임을 알고 있으면서도, 더 한층 깊은 무(無)의 심연 속에 떨어지고 만 것이다. 일체의 상대적 분별의 초월을 나타낸 비유 비무 · 남녀 불이 · 공의 개념을 유무 · 남녀의 차별에 대립하는 개념으로 만들어 버린 것이어서, 그것은 비유 비무 · 남녀 불이 · 공의 진실한 뜻을 파괴하는 생각이었다. 어떤 소승 교도들은 공(空)을 그렇게 곡해함으로써 AB 이(二)의 현실상을 없애는 것을 이상으로 삼고, 없어져 버린 세계를 열반이라 생각한 끝에 인생을 포기하여 AB 이(二)의 현실상을 살려 갈 것에는 마음을 쓰지 않은 채, 생활 개척 · 사회 건설에 힘쓰는 불교도(보살)를 보고도 무관심하여져서 목석이나 산 송장처럼 인생의 방관자가 되어 버렸다. 그들의 심경에 대해 『법화경』은

> "오직 공 · 무상(無相) · 무위만을 생각하여 붓다의 나라(佛國土)를 건설해 가는 보살이나 여래의 활약을 보고도 기쁨을 느끼지 않는다." (信解品 제4)

> "붓다의 나라를 건설한다는 말을 들어도 전혀 기쁨을 느끼지 않는다. 모든 것은 공이요 무요, 생도 없고 멸도 없고, 있는 것은 무위뿐이라 여겨 소망을 버리고, 다시 지혜를 닦아야 되겠다는 생각은 하지도 않는다." (同相)

고 묘사하고 있다.

대승 불교는 소승 불교도의 이런 태도를 강하게 비판하여, 엉터리 깨달음이요 교만한 사람들이라고 비난했다. 『법화경』 방편품 제2에

"출가자들은 스스로 이미 성자가 되었고 이것이 최후요 궁극의 깨달음이라고 생각하여, 그 이상 도를 구하려 하지 않는다. 그들은 증상만(增上慢)[14]의 사람이다."

"그들은 증상만으로 말미암아 얻지 않고도 얻었다 생각하고, 체득(證)하지 못했으면서도 체득한 양 알고 있다."

고 평하고, 그들이야말로 '소지(小智)'의 무리요, '중중(衆中)의 조강(糟糠)' 즉 인간 중의 찌꺼기라고 비난했다.

이(二)에 즉(卽)한 불이(不二)

『법화경』은 소승 교도(二乘)의 허무적인 공을 비판하여 그들에게 반성을 촉구하는 한편, 진정한 공의 뜻을 해명하고자 애썼다. 즉 AB 이(二)의 현실상의 본성이 AB 불이 · 공이며, 거기에 영원상(相)이 있기 마련이지만, 그 불이 · 공의 영원상은 AB 이의 현실상과 별도로 그것과 대립하여 존재하는 것은 결코 아니다. 그리 되면 불이 · 절대의 공이라고 말로는 하면서도, 다시 대립의 세계에 떨어지고 마는 결과가 되는 까닭이다. 즉 불이 · 공은 현실의 차별상(二相)을 버리고 이것을 부정하는 행위(作)에 의해 포착되는 것이 아니라, 현실상 바로 그것에서 발견되어야

---

14) 깨닫지 못했으면서 깨달은 체하는 교만.

한다. 바꾸어 말하면 현실의 모든 존재가 본래부터 공으로서 존재하고 있다는 뜻이다.

"일체의 존재는 본래 적멸(空)의 상(相)이다." (方便品)

이런 사상은 앞에서도 말했듯이 이미 『반야경』에서도 강조되어

"색을 공(空)하게 하는 까닭에 색이 공인 것이 아니다. 색이 바로(卽) 공, 공이 바로 색인 것이다." (幻覺品 제11)

"일체 존재는 필경에 가서 자성(自性)이 공이다." (實際品 제80)

라는 말로 나타나 있다.

이것을 천태 대사의 상대묘(相待妙) · 절대묘의 개념을 빌려 말한다면, 현실(色)은 AB 상대의 세계이므로 거기에 수립된 절대는 진정한 절대라고 할 수 없게 된다. 이를테면 A에 대해 B의 절대가 주장된다 해도, 그것은 A에 상대 · 대립하는 것으로서 상대적 절대(절대묘)에 그치고 말 수밖에는 없다. 이와는 달리 진정한 절대라면, AB의 상대 · 대립을 뛰어넘은 AB 불이 · 공(空)에서 발견되어야 한다. 즉 이 불이 · 공이야말로 절대적 절대(절대묘)의 양상인 것이다.

그러나 이 절대적 절대 내지 AB 불이(공)가 상대적 절대 내지

AB 이(색)를 부정함으로써 그것과 대립하여 세워진다면, 이것 또한 진정한 절대라고는 할 수 없게 된다. 그래서 절대적 절대가 절대적 절대일 수 있는 것은 상대적 절대에 즉(卽)하여 있는 데 있다고 설명되기에 이른다. 즉 AB 불이의 절대계는 AB 이(색)의 상대계에 즉하여 있다. 다시 말하면 상대계가 상대계인 채 바로 절대계가 된다는 것이다. 여기에서 절대적 절대, 진정한 불이 절대로서의 공, 즉 진정한 공이 발견된다는 말이다. 상대묘 즉 절대묘 · 절대묘 즉 상대묘 · 이이 불이(二而不二) · 불이 이이(不二而二) · 색즉시공 · 공즉시색이다.

공의 이런 점을 강조하여 『반야경』은 '진실공' · '제일의공' · '승의공' · '필경공' 등이라고도 불렀다. 『법화경』은 이(二)에 즉한 불이(不二)인 이 진정한 절대적 진리를 적극적으로 표현하여 '묘법' 이라 했던 것이다.

공의 공

AB 불이(不二)의 공은 AB 이(二)인 색(존재 · 현상) 저쪽 어디에 머물러 있는 것은 아니다. 그렇게 생각한다면 공의 진정한 뜻을 몰각한 것이 된다. 공이란 거기를 향해 우리가 나아가야 하는 도착점 · 목적물은 아니다. 공을 그렇게 오해해서는 안 되는 까닭에 '공도 또한 공(空亦復空)' 이니 '공공(空空)' 이니 하는 말이 설해지기조차 했던 것이다. 이를테면 『반야경』 문승품(問乘品) 제18에

"일체의 존재(法)는 공이며, 그 공도 또한 공이다. 상(常)도 아니요 멸(滅)도 아닌 까닭이다. 무엇으로 그렇게 되는가. 성품이 저절로 그렇기(性自爾) 때문이다. 이를 공공이라 부른다."

고 했다.

공도 또한 공이라는 이 점으로부터 적극적인 세계가 전개되어 갔다. 이를테면 마이너스와 마이너스를 곱하여 플러스가 되는 것같이, AB 불이 · 공은 공의 공으로서 AB 이에 되살아나 AB 이(二)를 살려 가게 된 것이다. 먼저 보기로 든 바 있는 "안장 위에 사람 없고, 안장 밑에 말이 없다."는 논리를 생각하면 그것이 이해되리라. '안장 위에 탄 사람'과 '안장 밑에 있는 말'이라는 이원(二元)적 대립이 지양되어, 인마(人馬) 일체의 불이 · 공이 된다는 것은 말이 달리고 사람이 이것을 조종하는 활동의 중지를 의미하는 것이 아니라, 도리어 이상적인 승마 상태를 가리키고 있음이 분명한 것이다.

『법화경』 방편품 제2에

"법(진리)은 항상 무성(無性 ; 공)이기에, 불종(佛種)[15]은 연(緣)을 따라 일어난다."

"법주(法住)[16] · 법위(法位)[17]에 의해 세간상(世間相)은 상주

15) 부처가 될 씨. 즉 보살행.

한다."

고 한 것은 이 때문이다. 즉 진리가 공 · 무성인 까닭에 인연을 따라 자유로이 나타나서 그 시대와 사회의 상황에 응해 적절한 지침이 될 수 있는 것이며, 공 · 무성의 진리가 그렇게 있음으로써 현실상이 영원의 산 모습일 수 있다는 것이다.

그러나 이것은 매우 이해하기 어려운 이치여서, 불교 밖의 사람들로부터 허무주의가 아니냐는 오해를 받았다. 이런 오해에는 '공' 이라는 말이 갖는 부정적 음향이 크게 관계하고 있다. 그래서 표현을 적극적 · 긍정적인 것으로 바꾸려는 시도가 나타나게 되었다. '중(中)' 이라는 표현이 그것이다. '중' 에 대해서는 이미 원시 경전인 『카차야나고타경』에 여래는 유무의 두 극을 버리고 '중' 에 의해 법을 설한다는 말이 나와 있고, 또 본서 첫머리에서 언급한 바 있거니와 『전법륜경(轉法輪經)』에는 석가가 쾌락주의와 고행주의의 두 극단을 버리고 중도(中道)에 서 계셨다는 말이 설해져 있다. 그러나 '중' 의 개념에 의해 불교의 진리(공)를 재편성하여 이것을 체계화한 이는 나가르주나(Nāgārjuna) 그 사람이었다.

16) 진여의 별명. 만물에 진여는 구비되어 있으므로 이렇게 이른다.
17) 진여의 딴 이름. 진여는 만유가 안주하는 자리이므로 이렇게 이른다.

중도(中道)의 영원

공(空) · 가(假) · 중(中)

나가르주나(龍樹)는 그의 저서 『중론(中論)』의 첫머리에서, 불생 · 불멸 · 불상(不常) · 부단 · 불일(不一) · 불이(不異) · 불래(不來) · 불출(不出)의 '팔부중도(八不中道)'를 설했다. 이 중도는 대립적인 개념을 지양시켜, 지붕 위에 자꾸 지붕을 포개는 식의 대립 · 부정의 연쇄 작용을 종식시키려는 것이었다. 즉 A에 대해 비(非) A(B)를 세우고, 다시 A 대 비(非) A(AB 二)에 대해 비(非) A 대 비 A(AB 불이)를 세우고, 다시 AB 불이는 AB 이에 대립하고 있기에 진정한 절대가 될 수 없다 하여 AB 이 대 AB 불이를 다시 부정해 가는 것 같은 끝날 줄 모르는 부정 작용을 종식시키기 위해서는 AB 이와 AB 불이를 '즉(卽)'으로 연결시킬 수밖에 없는 것이니, 그것이 곧 '중'이었다.

이 '중'의 관념에 입각하여, 그는 AB 불이 · 공을 AB 이의 현실(假)에 적극적으로 전개시키고자 시도했다. 먼저 공에 의해서만 현실의 온갖 존재는 살려지며, 공이야말로 현실 생성의 원리라 하여 『중론』 관사제품(觀四諦品) 24에서

> "공성(空性)이 성립하는 곳에 일체가 성립한다. 공성이 성립하지 않는 곳에 일체는 성립하지 않는다."

고 주장했다. 즉 일체 개공(一切皆空)이 곧 일체 개성(一切皆成)이라는 것이다. 그리고

> "연기(緣起)를 일러 공성(空性)이라 한다. 이는 가명(假名)[18] 이요, 바로 중도(中道)이다. (同上)

라고도 했다. 즉 AB 이의 현실상은 부동 · 고정한 것이 아니라 상의 · 상관의 연기에 의해 생긴 것이므로, 그런 뜻에서 가짜 모습에 불과하다 하겠다. 그러기에 그것에 집착함이 없이 본성인 불이 · 공을 포착해야 되려니와, 그러나 불이 · 공을 포착한다는 것은 AB 이(二)를 버리고 불이 · 공에 주저앉고 만다는 뜻일 수는 없다. 그래 가지고는 공의 참뜻을 파악했다고는 볼 수 없다.

---

18) 일체 만물은 인연의 화합으로 생겨났기에 실체가 없고, 실체가 없기에 차별이 있을 수 없다. 그렇건만 이름이 있어서, 그 이름에 의해 차별이 생긴다는 것.

왜냐하면 본래 공이란 그런 일방적인 고정 · 집착의 지양을 의미하는 까닭이다. 바꾸어 말하면 AB 불이 · 공은 AB 이의 현실상(假)을 살리고 생성(緣起)케 하는 당자로서 존재한다는 것이 된다. 그러기에 공에 멈추지 않고, 공도 또한 공(空)이 됨으로써 AB 이의 세계를 지탱하게 되는 것이다. 이렇게 공은 현실(假) 즉 공, 공 즉 현실로서 있는 것이어서, 이런 점을 적극적으로 표현하여 '중(中)' 이라 한 것이다.

중도로서의 공은 대번에는 이해하기 어려우므로, 5세기경에 중국에서 위작(僞作)된 것으로 보이는 『영락본업경(瓔珞本業經)』에서는 종가 입공(從假入空 ; 현실에서 공에 들어감) · 종공 입가(從空入假 ; 공에서 현실에 들어감) · 중도 제일의(中道第一義 ; 다시 양자를 통일하여 중도에 들어감)의 세 단계(三觀)를 세운 바 있거니와, 본래 AB 불이의 공과 AB 이의 현실(假)은 따로따로 떨어져 있는 것이 아니라, AB 이의 현실에 AB 불이의 공이 있는 것이며, AB 불이의 공이 파악된다는 것은 바로 AB 이의 현실이 바르게 살려지는 일이기에 '중' 이라 한 것이다.

중도 불성(中道佛性)

대승 열반경은 이 공의 적극적인 면에서 다시 한걸음 나아가서 공을 AB 이의 현실상을 생성(生成) · 발전케 하는 것이라 보아, 이를 불성 · 여래장 · 상 · 낙 · 아 · 정 따위로 적극적 · 긍정적으로 표현하는 한편, 중도와 관련시켜 '중도 불성' 이라는 것

을 주장하기도 했다. 즉 사자후보살품 제23에

"불성이란 제일의공(第一義空 ; 진정한 공)을 이름이요, 제일의공은 지혜라고 부른다.

일체가 공임을 보고 불공(不空 ; 현실상)을 보지 못한다면 중도라고 할 수 없다. 또 일체가 무아임을 보고 아(我)를 보지 못한다면 중도라고 할 수 없다.

중도를 일러 불성이라 한다. 그런 까닭에 불성은 상주하여 바뀌는 일이 없다.

무명(無明)에 덮인 까닭에 중생들은 이를 보지 못한다. 또 성문·연각(소승교도)은 일체가 공임을 보지만, 불공(不空)을 보지 않는다. 그리고 일체가 무아임을 보되 아(我)를 보지 않는다. 그러므로 제일의공을 얻지 못한다. 제일의공을 얻지 못하므로 중도를 행하지 못한다. 중도가 없으므로 불성을 못 본다."

"중도는 능히 생사를 깬다. 그러기에 중(中)이라 한다. 이런 뜻에서 중도의 법을 불성이라 한다. 그러므로 불성은 상·낙·아·정이다."

"불성이란 즉 제일의공이다. 제일의공은 중도라 부르고, 중도는 불(佛)이라 한다. 불이란 곧 열반이다."

라고 설해져 있는 것이 그것이다.

영원의 편만(遍滿)

우리의 지주요 근거인 영원한 존재 내지 세계는 공 · 허공으로서 존재함을 살펴보았다. 그것은 여기에 대한 저기라는 따위의 모든 한정을 초월한 것이었다. 그것을 적극적으로 나타낸다면 '중(中)' 으로서 존재하고 있다는 것, 즉 무한한 영원계와 유한의 현실계가 상즉(相卽)[19]해서 존재하고 있다는 것, 영원의 존재는 바로 여기(현실)에서 포착된다는 뜻이다. 더 한층 적극적으로 말한다면 유한한 현실계는 무한한 영원계에 싸여 있으며, 영원의 존재는 현실 세계 속에 차 있어서, 현실의 순간순간에 영원은 포착된다는 것이다. 이런 영원과 현실의 양상을 도식화한다면, 앞에서도 언급했듯이 무한한 허공(영원)에 AB 이의 틀(현실)을 끼워 넣은 형상이 될 것이다. 허공인 영원은 AB 이의 현실 밖 멀리, 또 그 안 깊은 곳에 별개로 존재하는 것이 아니라, AB 이의 현실의 안팎을 온통 메우는 형태로 존재하고 있는 것이다. 즉 현실은 영원 안에 잠기고, 영원은 현실 안에 충만해 있다는 말이 된다.

대승 열반경은 이것을 여래는 모든 곳에 편만(遍滿)해 있다는 말로 나타내고 있다. 즉 광명변조고귀덕왕보살품 제22에

---

19) A는 B를 예상함으로써 A가 되고, B는 A에 대립하는 것으로서 B가 되었다 할 때, A가 없으면 B가 없어지고, B가 아니면 A는 성립하지 못한다. 물론 A는 A로서, B는 B로서 독자성이 없는 것은 아니지만, 그렇다고 독립 · 고정되어 있다고도 볼 수 없다. A는 B와 다르면서 같고, B는 A가 아닌 동시에 B와 하나인 것이다. 이런 동이이(同而異) · 이이동(異而同)의 논리를 불교에서는 '상즉' 이라 한다. 색즉시공 · 공즉시색 따위.

"여래는 무생 무성(無生無性)이다. 무생 무성이므로 영원(常)이다. 영원한 법은 모든 곳에 두루 미쳐 있어서, 마치 어느 곳이나 허공 없는 데가 없음과 같다. 여래도 또한 그러하다. 모든 곳에 두루 미쳐 있는 것이다. 그러므로 영원이라 한다."

"여래의 지혜는 무량 무변한 세계에 편만하여 장애됨이 없다. 이를 허공이라 한다. 여래의 영원 불변함을 이름 붙여 실상(實相)이라 한다."

"여래가 모든 곳에 편만하심이 마치 허공과 같다. 허공의 성품은 볼수가 없거니와 여래 또한 그러하다. 참으로 볼 수가 없다. 그러나 자재력(自在力)을 가지고 있으므로, 모든 것으로 하여금 보게 만든다. 이러한 자재(自在)를 대아(大我)라 하고, 이러한 대아를 대열반이라 한다."

고 설했다.

신란(親鸞)은 이 『열반경』의 말씀을 참조하여, 아미타불의 소재를 밝혔다. 즉 아미타불은 무량수(壽) · 무량광(光)의 부처로서 시방(十方)에 편만해 있고, 모든 존재 속에 가득 차 있다고 논했다. 먼저 아미타불의 본성에 관해 『교행신증(教行信證)』에

"상락(常樂)[20]은 곧 필경 적멸[21]이다. 적멸은 곧 무상 열반이다. 무상 열반은 곧 무위 법신이다. 무위 법신은 곧 실상(實相)

이다. 실상은 곧 법성이다. 법성은 곧 진여(眞如)이다. 진여는 곧 일여(一如)이다. 그러면 아미타불은 진여에서 내생하여 보(報)[22] · 응(應)[23] · 화(化)[24]의 갖가지 몸을 나타내시는 것이다."

라고 하여 아미타불은 절대의 영원계(열반)요, 법신 · 법성 · 진여를 본체로 하는 이요, 현실계(諸法)와 일여(一如)요, 그 실상임을 밝혔다. 또 『일념다념문의(一念多念文意)』에도

"일실 진여(一實眞如)라 함은 무상 대열반이다. 열반은 곧 법성이요, 법성은 곧 여래이다."

라고 설하고, 그 다음에 미타 편만(彌陀遍滿)을 주장했다. 즉

"이 여래는 광명이다. 광명은 지혜이다. 지혜는 형태가 없으므로 불가사의 광불(光佛)이라 하는 것이다. 또 이 여래께서는 시방(十方) 미진 세계[25]에 가득 차 계신 까닭에 무량 광불이라 하는 것이다."

---

20) 열반의 사덕인 상 · 낙 · 아 · 정 중의 '상'과 '낙'.
21) 적멸은 열반의 딴 이름. 구경의 열반이라는 뜻.
22) 보신(報身). 서원과 수도의 결과로 얻어진 불신(佛身).
23) 응신. 교화를 위해 중생과 같은 몸을 나타내는 것.
24) 화신. 중생 구제를 위해 부처의 형태 아닌 다른 몸(용 · 귀신 따위)으로 나타난 불신. 또는 순간적으로 나타나는 것.
25) 티끌처럼 무수한 수효의 세계.

라고 한 것이 그것이다. 『유신초문의(唯信鈔文意)』에서도

"열반을 멸도(滅度)라 한다, 무위라 한다, 안락이라 한다, 상락(常樂)이라 한다, 실상이라 한다, 법신이라 한다, 법성(法性)이라 한다, 진여라 한다, 불성이라 한다. 불성은 곧 여래이다. 이 여래는 미진 세계에 가득하시니, 일체 군생해(一切群生海)[26]의 마음마다 충만해 계시다. 초목 · 국토가 모두 성불한다 함은 이 때문이다."

라고 했다. 이런 여래는 무변 광불 · 법성 법신 · 무상 열반으로서 본래 형상을 초월해서 존재하므로

"광명의 모습이신지라, 빛도 없으시고 형태도 없으시고"

(唯信鈔文意)

"형상도 없으신 까닭에 자연[27]이라 이르는 것이다." (末燈鈔)

라고도 하였다. 적극적으로 말한다면 시방 세계에 충만해 있다는 것이 된다.

---

26) 모든 중생. '군생' 은 온갖 중생, '해' 는 많다는 형용.
27) 오늘날 흔히 말하는 '자연' 이 아니라, 스스로 그렇게 되는 것.

영원의 자기

신심 불성(信心佛性)

영원은 이 세상에 차고 우리 안을 메우고 있다. 우리 안에 있는 영원을 불성이라 하고 여래장이라 부르는 것이다. 그러나 우리가 이 세상에 가득한 부처와 우리 안에 깃들어 있는 불성을 보지 못하는 것은 얽매이는 마음(번뇌)이 있는 까닭이다. 그러기에 그것을 보기 위해서는 이 얽매이는 생각을 떠나 공 · 허공과 마음(신심)을 일여(一如)하게 할 필요가 있는 것이겠다. 신심이란 주체적으로 말한다면 얽매여 있는 자기 마음을 해방하여 자유자재하게 만드는 일이며, 객체적으로 말한다면 공 · 허공으로서 자유자재한 법 내지 붓다에게 자기를 맡기는 일이다. 그렇게 함으로써 영원한 존재가 파악되고 영원한 자기가 확립되기에 이르므

로, 앞에서 여래가

"자재한 까닭에 모든 것으로 하여금 보게 한다. 이런 자재를 대아(大我)라 하고, 이런 대아를 대열반이라 부른다."

고 설한 까닭도 여기에 있다.

또 얽매임을 떠난 '신심'이란 진리의 소리를 지성껏 받아들임으로써 희열을 느끼는 일이며, 이런 희열을 통해 우리는 영원과 일체가 되어간다. 앞에 나온 고귀덕왕품 제22를 보면

"여래는 열반을 체득하여 길이 생사를 끊으시나니, 만약 지심(至心)으로 듣는다면 항상 무량한 즐거움을 얻게 되리라."

고 설해져 있다. 『화엄경』 입법계품(入法界品) 제34의 16에도

"이 법을 듣고 환희하여 마음으로 믿고 의심하지 않는 사람은 조속히 무상도를 성취하여 일체의 여래와 같아지리라."

고 했다.

또 얽매임을 떠난 '신심'이란 실천적인 입장에서 보아 자(慈)·비(悲)·희(喜)·사(捨)의 사무량심이라 일컬어진다. 즉 사랑과 미움 따위의 집착을 떠나 평등하게 사람들을 사랑하고(慈), 남의 불행을 자기의 것인 듯 슬퍼하고(悲), 남의 행복을 자

기의 행복인 듯 기뻐하고(喜), 남에게 보시하되 보수를 기대하지 않고 그 마음을 내던져 버리는 일(捨), 이 얽매임 없는 마음·행동을 통해 우리에게 영원한 존재가 나타나게 되는 것이다. 사자후보살품 제23에

> "대자·대비를 불성이라 부르고, 불성을 여래라 부른다.
> 대희·대사(大捨)란 곧 불성이다. 불성이란 곧 여래이다.
> 대신심(大信心)이란 곧 불성이다. 불성이란 곧 여래이다.
> 그러기에 설하기를 '일체 중생에게 다 불성이 있다.' 하는 것이다."

라고 설한 것이 그것이다.

신란은 이 『열반경』의 말씀과 앞에 든 『화엄경』의 말씀에 입각하여

> 신심으로 기쁨에 차 있는 이를
> 여래와 한가지라 설하시도다.
> 큰 신심은 불성이 그것,
> 불성은 여래신 줄 이제 알리라. (淨土和讚)

고 노래하고, 또

> "이 신심이 곧 불성이요, 불성이 곧 여래이다. 이 신심을 얻는

것을 경희(慶喜)라 한다. 경희하는 사람은 여러 부처님들과 같은 사람이라고 일컫는다." (唯信鈔文意)

"화엄경에 이르시되, 신심 환희하는 이는 여러 부처와 같다고 하시니라." (末燈鈔)

고 말하고 있다.

구원 본불(久遠本佛)

아미타불은 『무량수경』에 의하건대, 법장 비구(法藏比丘)라는 이가 마흔 여덟 가지의 서원(四十八大願)을 세우고 수행한 결과, 여기에서 십만 억토(十萬億土) 저쪽의 서방 세계에 극락 정토를 건립하고 그 주인이 된다. 법장 비구가 서방 정토의 아미타불이 된 것은 까마득한 10겁(劫) 전의 이야기라고 한다. 그러나 신란은 아미타불은 본래 영원 무한의 붓다라고 주장했다. 다음의 노래가 그것이다.

성불해 아미타불 되신 그 다음
십 겁이 흘렀다고 이르건마는
티끌 같은 구원겁[28] 그것보다도

---

28) 티끌과 같이 무한한 시간.

오래된 부처신 줄 나는 아노라. (淨土和讚)

구원 실성 부처이신 아미타불은
오탁(五濁)[29]의 범부들을 가엾이 아시어
석가모니 부처님과 상의하시어
가야성[30] 그곳에 나타나시다. (同上)

'구원 실성(久遠實成)' 이라 함은 『법화경』 여래수량품 제16에서, 인도에 출현하여 붓다가 된 석가는 사실은 구원의 과거로부터 붓다였으며, 본래의 석가는 상주 불멸이라고 설한다. 즉 "내가 성불한 지는 매우 구원하다. 수명이 무량 · 무한하여 멸하는 일이 없다."는 말씀을 딴 것이어서, 그 '구원 성실' 을 신란은 아미타불에 사용한 것이다.

이 본래부터 영원한 존재인 아미타불은 그 본성 즉 법성 · 진여로서는 시방 세계에 가득 차 있고, 불성으로서는 우리 안에 존재해 있다. 그것은 세계와 중생을 지탱하는 지주이며, 저마다의 입장에서 볼 때는 우리 속에 내재하는 영원한 자기라 할 수 있다. 우리가 얽매인 생각과 좁은 소견으로부터 자기를 영원 · 무한한 진리의 세계를 향해 개방하고, 자기의 조작(造作)을 버려

29) 말세에 보이는 다섯 가지의 더러움. ① 겁탁(劫濁)—사람의 수명이 줄고, 기근 · 질병 · 전쟁이 잦은 재앙. ② 견탁(見濁)—사견(邪見) · 사법(邪法)이 횡행함. ③ 번뇌탁—사람의 마음이 번뇌에 가득 참. ④ 중생탁—사람이 악만을 행하여 그 결과를 두려워하지 않음. ⑤ 명탁(命濁)—인간의 수명이 차례로 단축됨.

30) Gaya. 인도 중부에 있는 도시. 붓다가 성도한 부다가야는 여기에서 남으로 6마일.

영원 · 무한한 붓다에게 몸을 의탁할 때, 저절로 진리 · 붓다와 합일하게 되고 영원 · 진실의 자기가 나타나기에 이르는 것이다. 이것이 신란의 여래 등동설(如來等同說)이다.

그리고 자기의 조작적인 행위를 버리고 무위 · 무작(無作)의 자연이 되는 일은 신란이 특히 강조한 바이어서, 『말등초』 제5의 정상말화찬(正像末和讚) 끝에 '자연 법이장(自然法爾章)' 이 실려 있다. 이제 그 요점을 소개하면

"자연의 '자' 는 수행하는 사람의 계량이 아니라 '저절로' 라는 뜻이요, '연' 이라 함은 '그렇게 된다' 는 말이다. 그렇게 된다는 것은 수행하는 사람의 계량에 의해서가 아니라, 여래의 서원으로 말미암아 그렇게 되는 것이므로 법이라 하는 것이다.

이 법(진리)의 덕(德)으로 해서 그렇게 되는 것이다. 그러기에 뜻(義) 없는 것을 뜻이라 알아야 한다. 자연이라 함은 본래부터 그렇게 된다는 말인 것이다.

수행하는 사람과 관계없이 되는 일을 자연이라고 한다.

붓다께서는 우리를 무상불(無上佛)로 만드시겠다고 맹세하셨다. 무상불은 형태도 없는 까닭에 자연이라 이르는 것이다. 형태를 나타낼 때에는 무상 열반이라고는 말하지 않는다.

형태도 없음을 알리고자, 처음에 아미타불이라 했다고 나는 들었다. 아미타불은 자연의 이치를 나타낸 말이다."

라는 것이 된다. 즉 영원한 진리와 붓다는 공으로서 일체의 작위

(作爲) · 한정을 초월하여 존재하므로 그런 의미에서 '자연'의 세계인 것이며, 우리 또한 자기의 작위적인 계량과 한정적인 집착을 떠나 자연이 될 때 그것이 곧 신심이라는 것이다.

말하자면 '신심'이란 신란이 말하듯 '뜻 없는 뜻'으로서 '타력(他力)'인 셈이다. 『말등초』 제2의 '제불 등동에 관한 것'이라는 제목 밑에는

> "진실한 신심을 지닌 이의 마음을 시방 제불께서 칭찬하셨으므로 부처와 같다고 이르는 것이다. 또 타력이라 함은 저절로 그렇게 된다는 것, 즉 뜻 없는 뜻이라는 말이 된다."

고 설해져 있다. 따라서 이런 타력은 이른바 자력(自力)에 대한 타력의 입장을 뛰어넘은 것이어서, 타력이라는 말을 굳이 쓴다면 '절대적 타력'이라고나 해야 될 것이다. 신란 자신도 『교행신증』 행권(行卷)에서 그의 정통교를 자력 · 타력 등의 모든 상대성을 초월한 '원융 만족(圓融滿足) 극속 무애(極速無碍) 절대불이지교(絶對不二之敎)'라 규정했고, 또 『우독초(愚禿抄)』 상권에서도 '절대 불이지교 일실 진여지도(一實眞如之道)'라 말하고 있다.

'자연 법이' 또는 '법이 도리'는 불교의 진리관의 근본을 나타낸 것이라 하여 옛날부터 자주 주장되었고, 공 · 허공인 영원한 진리(法)를 인격적으로 표현하면 우리 속에 살고 있고 우리를 살리고 있는 영원한 생명으로서의 붓다요, 세계의 구석구석까지

비치고 있는 영원한 광명으로서의 여래라는 것도 자주 지적되어 온 바이다.

『열반경』 고귀덕왕품 제22에서도

> "광명을 일러 지혜라 한다. 지혜란 곧 상주(常住)이다.
> 이 광명을 일러 대열반이라 한다. 대열반은 곧 상주이다.
> 이 광명은 곧 여래이다. 여래는 곧 상주이다.
> 광명은 대자 대비라 이른다. 대자 대비는 곧 상주이다.
> 광명은 곧 염불이다. 염불은 이것을 일러 상주라 한다."

하여 '광명 여래'가 설해져 있다.

인생 긍정

이리하여 영원한 존재(붓다 · 법)와 영원한 세계(열반)는 허공 무한 · 수명 무량 · 광명 무변이며, 무애 자재 · 자연 법이로서 어디에나 충만해 있는 것이 된다. 그것은 나와 남 · 이것과 저것의 대립을 초월한 절대적 자아(대아 · 불성)로서, 절대인 여기에 존재한다. 그것은 유무를 넘어선 묘유(妙有)이며, 생멸을 초월한 진생(眞生)이며, 상과 무상을 지양한 진상(眞常)이다. 고락을 초월한 대락(大樂)이며, 정과 부정을 넘어선 순정(純淨)이다. 고귀덕왕품 제22에

"열반은 무아 · 대자재인 까닭에 이를 대아라 한다."

"무아인 까닭에, 자재인 까닭에 삼천 대천 세계(모든 세계)에 충만하다. 이런 자재를 대아라 한다."

"열반의 성품은 무고 무락(無苦無樂)이다. 그러기에 열반을 대락(大樂)이라 일컫고, 이런 의미에서 이름지어 대열반이라 한다."

"순정(純淨)한 까닭에 대열반이라 한다."

"대정(大淨)한 까닭에 대열반이라 한다."

라고 한 것이 그것이다.

이런 견지를 그 궁극까지 밀고 가서, 인생에 대한 절대 긍정을 주장하고 나선 것 중에 일본 중세의 천태 사상[31]이 있다. 일본의 천태 사상은 대승 불교의 대표적인 여러 사상을 총정리하여, 그것을 다시 절대적 일원론(不二 절대론)의 클라이맥스까지 끌어간 것이어서 불교로서는 최고의 철리를 수립한 것이라 말할 수 있다. 『대승기신론』에 나오는 '본각(本覺)'이라는 말을 중요시했기 때문에 '천태 본각 사상'이라 불리거니와, 본각이란 자기

31) 천태 대사 지의의 교상 판석에 의해, 법화경을 최고의 경전으로 치는 사상.

속에 있는 본래의 각성(불성)을 말한 것이며, 이것에 의거할 때에는 범부가 수도한 끝에 비로소 깨달아(如覺) 붓다가 된다는 생각은 지양되기 마련이다. 그리하여 불범 일체(佛凡一體)가 주장되기에 이르는 것이며, 다시 나아가서 자기의 현실적인 양상은 그대로 불성의 나타남이요, 영원한 진리 · 영원한 붓다의 활현(活現)이라 하여 전적으로 긍정하게 되는 것이다. 이를테면 가마쿠라(鎌倉) 초기에 성립한 것으로 보이는 『우두법문요찬(牛頭法門要纂)』에

> "심성(心性)의 본원(本源)은 범성 일여(凡聖一如)여서 둘이 없다. 이것을 본각 여래라 한다."

고 했고, 『본각찬석(本覺讚釋)』에서는

> "이 마음은 본래부터 본각 진여의 도리이다."

라고 했다. 중기 경의 『진여관』은 거기에서 한 걸음 더 나아가서

> "무릇 자타 일체의 유정(有情)[32]이 다 진여이므로, 그것들은 곧 부처이다. 그러기에 초목 와력(瓦礫) · 산하 대지 · 대해 허공이 다 진여이므로, 부처가 아님이 없는 것이다. 허공을 향하

---

32) 중생.

면 허공이 곧 부처요, 대지를 대하면 대지가 곧 부처이다."

라고 설했으며, 『마쿠라노소시(枕雙紙)』[33]에서도

"법계(法界)가 모두 진여이기에 부처 아님이 없나니, 허공을 향하면 허공이 곧 부처요, 대지를 향하면 대지가 곧 부처이다."

라고 말했다. 또 『마쿠라노소시』는 앞에 든 『법화경』 방편품 제2의 '법주 법위(法住法位) 세간상 상주(世間相常住)'를 인용하여

"세간상 상주라 할 때 견고 부동한 것을 상주라고 이른 것이 아니다. 세간이란 본래 비상(非常 ; 상주가 아님)이란 뜻이요 차별의 뜻이다. 무상은 무상이면서 상주요, 차별은 차별인 채로 상주이다."

라 하여, 무상 · 상대의 현실의 양상이 그대로 상주 · 절대의 영원의 나타남이라고 주장했다.

이와 유사한 주장은 도겐(道元)에게도 있어서 『정법안장』에

"이른바 세계란 세계는 시방(十方)이 모두 불세계(佛世界)이며, 비불세계(非佛世界)는 일찍이 존재한 적이 없다."

33) 일본 헤이안조(平安朝) 시대의 여류 작가 세이쇼 나곤(淸少納言)의 수필집.

"일체의 현상은 여래의 모습이니, 여래의 모습 아닌 어느 하나라도 섞이는 일이 없다."

"비록 어찌하여 잎이 하나 진다고 해도 이것은 법주 법위 세간 상주이다."

라고 했으며, 불성(佛性)과 관련시켜서는

"초목 총림(叢林)의 무상함이 곧 불성이다. 인물 심신의 무상함이 곧 불성이다. 국토 산하의 무상함이 바로 불성에서 말미암는 것이다."

라고 논했다. 그는 『열반경』의 '일체 중생 실유 불성(悉有佛性)'을 "실유는 불성이다."라고 해석하여 "불성은 반드시 실유(일체의 존재)이다. 실유는 불성이기 때문에."라고 풀어, 실유 즉 만상(萬象)과 불성의 일여(一如)를 강조하고, "이 산하 대지는 모두 불성해(佛性海)이다."라고 단정했다.

우리는 모두 우리의 생활이나 입장으로부터 세상의 사물·현상을 바라보고, 그 선악·호오·이해·득실을 말하기 마련이다. 이를테면 어떤 물건의 부패 현상을 보았을 때, 우리가 그것을 썩었다 하고 또 구린내가 난다고 하는 것은 우리에게 그것이 해가 되기 때문이다. 또 화산 폭발을 보기로 든다면, 그 화산 밑에 사는 사람은 폭발로 말미암아 집이나 생명을 위협받게 되므로 그것은 재앙이요 불행한 현상으로 받아들여질 터이다. 그러나 무엇이 썩는 일이나 폭발에 의한 재앙 따위는 우리의 생활이라는 좁은 틀에서 바라보니까 그렇게 받아들여지고 그렇게 느껴지는 것이다. 그런 입장을 떠나 광대 무변한 세계 자체의 처지에서 본다면, 그런 현상들은 영원한 진리의 활동 양상으로서 긍정되기도 할 터이다. 이리하여 큰 달관이 생겨나고 모든 현상은 절대적으로 긍정되기에 이르는 것이어서, 예컨대 우리의 육체가 노쇠한 끝에 죽음을 맞게 되는 것도 묘한 우주 이법(理法)의 발현이라고 할 수 있겠다. 이리하여 생도 좋고 죽음도 좋다는 심경이 될 수도 있으리라.

영원의 생명

죽음의 극복

우리는 죽음에 직면할 때 누구나 몸서리치는 공포를 느끼게 마련이다. 몇 해 전에 암으로 죽은 기시모토(岸本英夫) 박사는 오랫동안 종교학자로서 죽음의 문제와 맞선 바 있지만, 막상 자신이 암이라는 선고를 받았을 때의 심경을 '가만히 있을 수 없는 긴박감', '저도 모르게 소리라도 지르고 싶은 심정', '몸서리치는 공포', '심장마저도 얼어 붙을 것처럼 생각되는 죽음의 위협' 따위의 말로 술회하고 있다. 박사는 그것을 '생명의 기아 상태'라고 불렀다. 즉 '속으로 치밀어 오르는 것 같은 생명에 대한 집착'이다. 이 '생명의 기아 상태'와 '죽음에 대한 공포'가 "필설로 다할 수 없을 정도의 맹렬한 세력으로 마음속에서 일어났다."

고 말하고 있다.

죽음에 대한 공포란 구체적으로는 자기의 생명이 죽음에 의해 단절될 것을 두려워하는 마음이다. 그래서 그 공포를 해소하고 극복하는 방법으로서 사후에도 어떤 형태로건 자기 생명이 존속할 것이라는 생각이 고안되기 마련이다. 그 가장 소박하고 원시적인 것으로서 현재의 이 육체 그대로가 사후에도 존속한다는 생각이 있다. 중국의 신선술 같은 것은 불로장수의 영약을 만들어서, 그것에 의해 어떻게든 죽지 않을 수 있는 방법을 고안해 내자고 했다. 그러나 결국 한 번은 죽음이 닥쳐 올 것을 인정하면서도 때가 오면 육체의 생명이 부활해서 그 이후에는 불사의 생활을 보내게 된다고 생각하였기 때문에 육체 보존의 방법을 고안하기도 했다. 이집트의 미라 제조가 그것이며, 기독교의 토장(土葬) 같은 것도 배후에는 그런 생각이 있다고 할 수 있다.

그러나 죽음에 수반하여 육체가 부패 · 소멸하는 것은 부정할 수 없는 사실이어서, 이것을 직시한다면 이런 생각도 무너질 수밖에 없다. 그래서 다음으로 육체는 임시적인 것이어서 그것은 죽음과 동시에 해체되지만, 그 속에 있는 진정한 자기(영혼)는 사후에도 존속한다는 생각이 생겨났다. 그리고 여기서 죽음이란 오히려 영원한 자기(영혼)를 육체의 제약으로부터 해방하는 것이라고 보는 생각까지 나왔다.

이런 사고 방식은 죽음의 공포를 완화시키고 생명 존속의 욕구를 충족시키는 데 상당히 유효한 것이라고 생각된다. 그러나 이런 생각으로 안심할 수 없는 까닭은 사후의 세계 · 사후의 존재에 관한 확증이 잡히지 않고, 결국은 상상의 범위를 못 벗어나기 때문이다. 유명(幽明)을 달리하는 이상 포착되지 않는 것이 당연하다고 할 수밖에 없겠으나, 그래 가지고는 아무래도 허전하지 않을 수 없다. 결국 생명의 영속을 확신시켜 줄 수는 없는 것이다.

그래서 사후에도 생명이 존속한다면 어떤 방법으로든 파악할 수가 있고 또 교류가 가능할 것이라고 생각하여, 그것에 응해서 심령술 같은 것이 생겨나기에 이르렀다. 그러나 이에 대하여 현대의 과학적 합리성으로부터는 심령술 따위는 믿을 수가 없고, 대체 사후의 세계가 인식되지 않는 것은 곧 그것이 없기 때문이 아니냐는 강한 반발이 일어났다. 기시모토 박사도 『죽음을 응시하는 마음』에 수록된 유고 '나의 생사관' 안에서

> "그런 사고 방식은 아무래도 내 심중에 있는 합리성이 납득하지 않는다. 그것이 비록 머리카락이 곤두설 정도로 무서운 일이라 해도 내 마음속의 지성은 그렇게 생각한다. 나에게는 죽음과 함께, 즉 육체의 붕괴와 함께 자기의 의식도 소멸한다고밖에는 생각되지 않는다."

고 말하고 있다.

결국 사후의 생명의 존속이 믿어지지 않는다고 하면, 우리는 그 욕구의 충족을 어디에서 찾아야 할 것인가. 이리하여 제3의 사고 방식이 생겨난다. 즉 죽음에 의해 자기는 무로 돌아가지만,

자기의 생명은 자식으로 이어져 간다. 또는 자기가 남긴 업적이나 저술이 후세에 전해져 간다. 그 속에서 생명의 존속이 발견된다고. 그러나 이것 역시 헛된 환영에 불과하다. 왜냐하면 자기 자신이 소멸되는 것에는 변함이 없는 까닭이다. 무엇이 남는다 해도 그것은 자기로부터 독립된, 그런 의미에서 자기와는 필경 무관계한 자손들이요 업적임에 틀림없는 것이다.

생의 극복

이상의 자기 생명의 존속 내지는 영원의 생에 대한 세 가지 사고로부터는 결국 만족할 만한 해답 · 해명은 얻을 수 없음이 확실하다. 그래서 마지막으로 그런 사고 방식에서 만족스런 해결이 얻어지지 않는 것은 영원에 관한 사고 방식 자체에 오류가 있었던 것은 아닐까, 그것을 검토해 보고자 하는 움직임이 생겨났다. 그리고 그런 태도를 취한 대표적인 것이 불교였다.

붓다는 자기와 세계의 상(常) · 무상, 유한 · 무한, 육체와 영혼의 동이(同異) · 사후 생존의 유무 같은 것에 대해 질문을 받았을 때, 대답을 하지 않았다고 한다. 어째서 그랬을까. 그것은 그런 문제의 발상법 즉 사고 방식에 잘못이 있었기 때문이다. 바꾸어 말하면 붓다의 침묵은 영원에 대한 종래의 그릇된 사고 방식을 시정하고, 그것을 통해 진정한 영원의 존재를 밝히려고 의도한 것이라고 할 수 있다.

먼저 첫째 오류는 흔히 말하는 불로장생이니 불사니 불멸의 생이니 하는 말이 나타내고 있듯이 그것은 죽음과의 상대성을 벗어난 것이 못 된다는 점이다. 거기서 생각된 영원의 생이라는 것은 어디까지나 죽음과 대립한 생이며, 따라서 참으로 죽음을 극복한 것은 되어 있지 못하고, 그렇기에 진정한 영원 · 무한이 파악되지 못하고 있는 것이다. 그것은 죽음에 대립한 생에 집착한 것이며, 생사의 줄을 끊어 버린 것이라고 할 수가 없다.

그래서 '죽음에 대립하는 생' 이라는 사고 방식을 지양하는 곳에 진정한 영원이 포착되는 것이라고 설해지게 된다. 즉 '불사' 가 아니라 '불생 불멸(不生不滅)' 이야말로 강조되어야 한다는 것이다. 죽음에 대한 진정한 극복은 죽음과 대립 관계에 있는 생의 극복이 이루어져야 비로소 가능한 까닭이다. 결국 생과 사 양자의 극복에 의해 진정한 영원이 포착되는 것이다.

그렇기 때문에 불교에서는 항상 '불생 불멸' 을 말하고 때로는 '불생' 쪽을 강조하기도 하는 것이다.

불생(不生)의 생

예컨대 『열반경』 고귀덕왕품 제22는 불생 · 불멸을 불생 · 생이라는 형태로 표현하고, 불생과 생의 양상에 대해 '생생(生生)' · '생불생(生不生)' · '불생생(不生生)' · '불생 불생(不生不生)' 의 네 가지를 설정했다.

'생생(生生)' 이란 "일체의 범부, 이를 생생이라 부른다. 왜냐하면 생생 부단(生生不斷)인 까닭이다."라고 설하여 일상적인 인간이 악착스레 집착하여 그것을 추구해 가는 상태를 가리켰다.

'생불생(生不生)'이란 "세제(世諦)가 그칠 때 이를 생불생이라 한다."고 설했으니, 세제 즉 세속적 진리, 세속적 사고 방식이 끝난 상태를 이름이다. 결국 일상적 사고 방식의 근본이 되는 생에 대한 집착을 초월한 상태라고 할 수 있다.

'불생생(不生生)'이란 생에 대한 집착을 떠나고 나서, 다시 현실의 생으로 돌아온다는 뜻이다. 바꾸어 말하면 생에 대한 무집착은 현실의 생을 내던져 돌보지 않는다는 의미가 아니라, 그것을 바르게 살려 간다는 뜻이다. "세제(世諦)에 안주(安住)한 다음에 출현할 때, 이를 불생생이라고 이른다."고 한 것이 그것이다. 세제에 안주한다 함은 현실 세계 속에 있으면서 그것에 얽매이지 않고 동요되지 않아서 바르게 세상을 바라보고 인도해 간다는 뜻인데, 그런 모양으로 세상에 출현하는 것이 불생의 생이다.

그러나 불생의 생이라 하는 데서 불생을 잊어버리고 생에 빠지고 마는 위험성이 생겼다. 그래서 불생에 있으면서 생을 버리지 않고 생에 있으면서 불생을 잊지 않아 생과 불생이 상즉(相卽)하여 유지되어 간다고 해서, 즉 생과 불생의 종합 통일로서 '불생 불생'이 최후로 주장되기에 이르렀다. 생에 집착하는 것은 일상의 범부요, 불생에 집착함은 허무 공견(虛無空見)에 빠진 소승의 이승(二乘)이며, 불생의 생이라는 데서 생에 너무 깊이 들어갔다가 불생의 도리를 망각한 끝에 원래의 범부의 지위로 되돌아가게 될 위험성이 생긴 것은 대승의 보살이다. 죽음(불생)에 대한 생이든, 생에 대한 불생(죽음)이든간에 결국은 인간의 생에 얽힌 집착의 상(相)이다. '불생 불생'은 그런 집착을 초월함으로써 획득할 수 있는 진정한 영원(대열반)의 경지인 것이니 "이 대열반은 생상(生相 ; 생에 대한 집착의 상)이 없으니 이를 불생 불멸이라 부른다."고 설해지는 이유가 여기에 있다.

다시 말하면 이 경지에 선 이상에는 생이 살려져야 할 때는 그것이 자유로이 살려지고, 불생이 설해져야 할 때에는 그것이 자유로이 설해지는 식으로 생과 불생 내지는 생생 · 생불생 · 불생생 · 불생 불생의 네 가지가 시기와 경우에 따라 자유로이 활용되는 것이기에, 그것들이 각기 고정되는 것은 결코 아니다. 그런 의미에서 그것들은 '불가설(不可說)'이라 할 수밖에 없다. 즉 "불생생은 불가설이다. 생생도 또한 불가설이다. 생불생도 또한 불가설이다. 불생 불생도 또한 불가설이다. 생도 또한 불가설이다. 불생도 또한 불가설이다."라고.

그리고 17세기에 반케이 선사(盤珪禪師)는 사람들에게는 타고난 불생 불멸의 불심(佛心)이 있다고 설하고, 그것을 체득하기 위한 '불생선'이라는 것을 주장했다. 그런 각도에서 그의 선은 민중의 선이 되었고, 일상적인 선이 되었으며, 그 자신도 쉬운 말로 설법하여 당시의 일반 민중에게 많은 감화를 주었다. 그 법화 가운데 몇 가지를 소개하겠다.

"사람마다 나면서 갖추고 있는 마음, 이것이 곧 불생 불멸의 불심이다. ……아침부터 저녁에 이르기까지 일체의 사업이 일념(一念) 불생으로 이를 성취한다." (반케이 선사 어록)

"불생인 까닭에 불멸이라고 말할 필요가 없기에, 나는 불멸이라고 이르지 않소. 불심이란 불생인 것이 불심이어서 모든 일은 불생의 불심으로 이룩되는 것이지요." (가명법어)

"지금 이 자리에 있는 사람들은 어느 한 사람이라도 범부는 아니오. 모든 사람이 다 불생의 불심을 지닌 이뿐이오. …… 다른 것에 매이고 내 몸의 편을 들기에 불심을 수라(修羅)로 만들어 저마다 미혹에 빠지는 것이니, 다른 사람이나 사물이야 어떻든 그것에 탐착(貪着)하지 않고 제 몸에 대한 애착을 일으키지 않아서 다만 불심 그대로 있으면서 다른 것에 움직여지지만 않는다면 미혹은 언제라도 생기지 않는 것이오. 상주 불생의 불심으로 나날을 보내게 되는 것이지요. 그렇게 되면 오늘의 산 부처가 아니겠소이까." (가명법화)

이것도 불생의 생을 강조한 것이라고 할 수 있으리라.

오늘의 생명

영원의 지금

이상으로 불생 불멸 내지 불생이라는 견지에서 서서 생명의 영속에 대한 세 가지 사고 방식의 오류를 지적한 셈이거니와, 다시 그러한 오류의 하나로서 육체의 불사이거나 영혼의 불멸이거나 또는 자식을 통한 생명의 영속이거나 생명을 시간적으로 연장함으로써 영원을 포착하고자 하는 경향이 지적되어야 하겠다. 이것 또한 진정한 영원을 파악하는 것은 되지 못한다. 왜냐하면 시간을 아무리 늘여 보아도 결국은 유한임에 틀림없기 때문이다. 즉 유한한 시간의 반복에 지나지 않는다. 그것은 마치 해를 좇아 달렸다는 어리석은 사나이 같아 아무리 가도 영원에는 도달하지 못할 것이다. 헤겔의 말을 빌리자면 그것은 '끝이 없는 무한'이요, '무한 누진(無限累進)'이요, '악무한(惡無限)'이다. 불교에서는 그것을 '무궁의 과실'이라 부르며, 수행과 관련시켜 말한다면 '역겁 수행(歷劫修行)'이다. 즉 붓다에 무한히 접근하면서도 영원히 붓다에 도달하지 못하는 일이다. 현대의 대표적인 신학자인 틸리히(P. Tillich)도 그 설교집 『영원의 지금』 속에서 비슷한 비판을 가하고 있다.

그렇다면 진정한 영원은 어떻게 해야 파악되는가. 그것은 시간적 연장이라는 사고 방식을 초월하는 것, 바꾸어 말하면 시간 관념의 초월에 의해 가능하리라. 이를 더 적극적으로 말한다면, 영원과는 전혀 반대의 시간 관념인 순간 속에서 영원을 본다는 뜻이다. 즉 시간적으로 상반하는 영원과 지금을 결부시킴으로써 시간 관념을 초월한다는 것이다. 여기에서 '영원의 지금'이라는 말이 생겨나게 되며, 진정한 영원은 여기에서 파악된다.

기독교에서는 틸리히가 근래에 『영원의 지금』이라는 제목으로 강연하고 있다는 것은 앞에서 언급했거니와, 일본에서는 니시다 철학(西田哲學)[34]이 '영원의 지금'이라는 말을 사용했다. 헤겔은 그것을 '진무한(眞無限)'이라 일컬었고, 불교에서는 '구원 즉 금일(久遠卽今日)'이라고 했다. 일본의 '천태 본각 사상'에서는

"처음과 중간과 끝의 차별이 없거니, 어찌 구원과 금일을 논하랴."

34) 일본의 근대 철학가 니시다 기다로(西田幾多郎)의 사상. 그는 대승 불교 철학의 영향을 깊이 받아, 그것을 서구적인 방법론으로 재구성하려 했다.

"구원의 일월이나, 금일의 일월이나, 미래의 일월이나, 다 일월 일체(一體)이다."

"대해의 물결은 어제의 물결이나 오늘의 물결이나 오로지 일체인 것과 같이 삼세(三世)의 염(念)은 오직 일념(一念)일 뿐이다."

라고 설하고 있다.

또 도겐(道元)은 '유시(有時)의 이금(而今)' 이라는 말을 썼다.

"저쪽에 있는 것 같아도 이금(而今)이다. ……저기에 있는 것 같아도 이금이다."

"나로 하여 과거 · 현재 · 미래를 생각게 함이 기천만이라도 금시이다. 이금이다."

덴케이 덴존(天桂傳尊)은 이에 대해서

"유시의 이금이란 일체의 때가 오로지 지금 아님이 없음이다. 보라, 저 구원은 즉 금일이니 그 자리를 움직임이 없이 금일이요, 옛날이 오늘이 된 것이 아니니라."

고 주하고 있다.

생사 상주

'영원의 지금'의 관념이 불타관 내지 불신론을 통해서 해명된 것이 대승 열반경에 강조된 '법신 상주(法身常住)'·'불성(佛性)'·'여래장(如來藏)'의 설이다. 진정으로 영원한 붓다는 시간적 연장 위에 있는 것이 아니라 시간의 초월에서 발견되는 것이므로, 그 시간을 넘어선 진정한 영원으로서의 붓다를 '법신 상주'라는 말로 나타낸 것이다. 그리고 이 진정한 영원으로서의 붓다는 시간·공간을 초월하여 존재하는 것이기에, 적극적으로 말한다면 현실의 이 순간에서 발견되고, 자기 몸 속에서 발견된다. 그것을 '불성'이니 '여래장'이니 한 것이다.

또 '영원의 지금'을 수행론에 적용시켜서 말한다면 '즉신성불(卽身成佛)'·'즉심시불(卽心是佛)'·'돈증(頓證)'[35]·'즉증(卽證)'이 되고, 신앙에서 말한다면 절대의 '일념신(一念信)'의 강조가 된다. 이를 생사와 관련시켜 말한다면 '불생 불멸'에서 '생사 일여'가 되고, 다시 현재의 생사 속에서 영원을 보는 것, 곧 '생사 즉 열반(生死卽涅槃)'이 된다. 다시 말하면 사에 대한 생, 생에 대한 사라는 상대 관념을 깨어 버림(불생 불멸)으로써, 도리어 생은 생대로 사는 사인 채로 그 생사 속에서 일여 절대인 영원을 체득한다는 것이어서, 이로부터 적극적으로 '생사 상주'가 설해지게도 되는 것이다. 천태 본각 사상의 문헌에 『생사 각

35) 일시에 깨닫는 것.

용초(生死覺用鈔)』라는 것이 있어서 거기에

"생의 시간도 오는 일이 없고, 사의 시간도 가는 일이 없으니 생은 바로 진생(眞生), 사는 곧 원사(圓死)이니라."

"무래(無來)의 묘래(妙來), 무생(無生)의 진생(眞生), 무거(無去)의 원거(圓去), 무사(無死)의 대사(大死)이니, 생사 체일(生死體一) · 공유 불이(空有不二)이니라."

고 말했으며, 그로부터

"이렇게 알고 이렇게 이해하면, 불심이 그 모습을 나타내어 생사 자재(自在)가 된다."

고 하고, 그러므로

"무작(無作)[36]의 생사는 처음도 없고 끝도 없으며, 원융(圓融)의 유무(有無)는 상(常)도 아니요 단(斷)도 아니다. 행자는 이를 관찰하여 생사를 두려워 말라. 생사를 벗어나려거든 생사를 보지 말라. 열반을 얻고자 하면 열반에 집착하지 말라. 오직 집견(執見)을 제거하여 마땅히 불지(佛地)에 이르라."

---

36) 의식 없이 행함.

듣지

"너는 이것을 잘 관찰하여 생사를 두려워하지 말라. 생사는 본래 즐거운 것이니라."

라고 하여 생사가 두려워할 것이 못 됨을 타이르고 있다. 말하자면 버려야 할 생사도 없고, 구해야 될 열반도 없다는 것이다. 도겐은 "생도 한때의 일이요, 사도 한때의 일이다."라고 말하고, 또

"생은 한때의 일이어서 이미 앞이 있고 뒤가 있으니 그러기에 불법에서는 곧 불생(不生)이라고 한다. 멸(滅)도 한때의 일이어서 역시 앞이 있고 뒤가 있으니 그러기에 멸은 곧 불멸이라고 한다. 생이라 말할 때에는 생밖에 아무것도 없고, 멸이라고 할 때에는 멸밖에 다른 것이 없다." (正法眼藏)

"장작은 장작으로서의 법위(法位)에 주하여 앞이 있고 뒤가 있어서, 전후가 있다고는 하지만 전후가 끊어져 있다. 재는 재로서의 법위에 역시 앞뒤가 있다. 저 장작이 재가 된 다음에 다시 장작이 될 수 없는 것같이 사람이 죽은 다음에 다시 살 수는 없다. 그러면서도 삶이 죽음이 되었다고는 말하지 않는 것은 불교의 정칙이니 그러기에 불생이라고 이르는 것이다. 죽음이 생이 될 수 없음은 법에 정해진 바이니 그러므로 불멸이라 이르

는 것이다. 생도 한때의 일이요 죽음도 한때의 일이니, 이를테면 겨울과 봄과 같다. 겨울이 봄이 된다고 생각하지 않고, 봄이 여름이 된다고는 말하지 않는 것이다." (同上)

라고 하여 생사의 '전후 제단(前後際斷)'을 주장하고, 생은 생인 채 사는 사인 채 영원 절대의 나타남임을 강조했다.

이리하여 오직 생사 즉 열반이라고 알 것이니 생사라 해서 싫어할 무엇이 있는 것도 아니요, 열반이라 하여 동경할 것이 있는 것도 아니다. 바꾸어 말하면 생사가 곧 열반이라 깨닫고 생사 밖에서 열반을 구해서는 안 되는 것이니, 그러기에 생사를 떠나는 법이라고 생각함은 불교를 위배하는 것이 된다고 도겐은 못박았다.

생의 활용

기시모토(岸本英夫) 박사도 『종교 현상의 제상(諸相)』 속에서 육체적 생명의 존속, 사후의 생명의 영존, 자기를 대신하는 끝없는 생명, 현실에서의 영원의 생명의 네 가지 생사관을 들어 넷째 번의 생사관은 현실의 순간순간의 생활 속에서 영원의 생명을 체험하는 것이어서 이른바 '영원의 지금'의 체험이며, 그것은 죽어야 할 생명 속에서 생사를 초월한 영원의 생명을 발견하는 것이 된다고 논하고 있다. 그리고 참선 대오(大悟)의 경지, 신사 앞에 머리를 숙였을 때의 기분, 화가가 그림 그리는 데 열중하고 있는 심경은 바로 그것이라고 했다. 우리가 염불 삼매나 좌선 삼매에 들어 있을 때, 또는 절묘한 음악에 도취해 있을 때, 영원이 현재 속에 나타나는 것은 흔히 경험하는 바이다. 거기서는 생사가 초월되고, 사후의 문제 같은 것은 염두에도 떠오르지 않으며, 죽음의 공포는 해소되고 법열 · 환희의 경지가 나타남을 알고 있다. 영원한 생명의 확증에 의한 죽음의 극복은 이 '영원의 지금'을 체득하는 수밖에는 없다고 하겠다.

다만 여기서 남는 문제는 그 체험이 일시적인 것이 아니라 완전히 자기 것이 되어 버리는 것이 관념적인 체험에 그치지 않고 현실 생활 속에서 살려져 가야 한다는 점이다. 이 점에 대해 기시모토 박사는

> "생명의 기아 상태에 처해 있으면서 생명의 긍정을 그 출발점으로 하는 것이다. 나는 여기까지 논해 온 끝에, 이제야 겨우 그 출발점에 도달했다. 그러나 나는 이제 이 글을 끝내야 한다. 어떻게 살아가야 하는가, 어떻게 이별의 순간인 죽음에 대처할 것인가, 이런 문제를 모두 뒤에 남긴 채 잠시 붓을 놓는다."

라고 맺고 이것이 마지막 말이 되었다. 그런데 대승 열반경은 이에 머물지 않고 그것을 출발점으로 해서 다시 앞으로 나아갔다. 즉 불생 불멸의 영원이 인간계를 채우고, 인간계에 차 있다는 것은 인간계의 생사의 현실상에 불생 불멸의 영원이 살려져야 한다는 것을 의미하며, 살려지는 대상인 현실상의 활용을 지향하

여 나아간다는 것이 된다. 영원의 경지를 체험하는 데 그치지 않고 그것을 현실에 살리고, 그것을 가지고 현실을 살려 가는 것, 이것이 인간으로서 삶을 받은 우리가 목숨 다할 때까지 지켜야 할 의무이며 목적인 것이다. 그래서 대승 열반경은 계속해서 어떻게 살아가야 할 것인가 하는 문제에 임해서, 그러기 위해서는 현실의 여러 가지 양상을 정확하게 판단함으로써 그것에 대처해 갈 것을 구체적인 보기를 들어 가르치고 있는 것이다.

5. 영원 활현의 인간계

이상과 현실

차별의 현실

영원은 현실의 이 순간, 자기 속에서 발견된다는 것을 고찰했다. 영원인 현실, 영원한 자기의 인식이다. 그런데 카샤파(迦葉)에 의해 다음과 같은 반문이 제기되었다.

"붓다여 참으로 아(我)가 있을 턱이 없나이다. 왜냐하면 갓난애는 태어나서 그것을 모르기 때문입니다. 만약 아가 있다면 태어났을 때 그것을 알지 않겠습니까. 또 만약 꼭 그것이 있다고 하면, 태어난 다음 없어지지도 않을 것이 아닙니까.

만약 일체에 불성(佛性)이 상주한다면, 파괴되는 일이 없을 것입니다. 만약 파괴되는 일이 없다면, 왜 브라만(婆羅門) · 크샤트리아(刹帝利) · 바이샤(毘舍) · 수드라(首陀羅) · 찬다라(旃陀羅)나 축생 따위의 차별이 있는 것입니까. 그러나 실제로는 업연(業緣)이 가지가지여서 같지가 않고, 이루어지는 것이 각기 다름을 봅니다. 그러므로 알 수 있습니다. 불성은 상법(常法)이 아님을.

만약 불성이 꼭 상(常)이라 하면, 어찌하여 살생 · 도둑질 · 음란한 행위 · 망령된 말 · 거짓말 · 욕 · 꾸미는 말 · 탐욕 · 성냄 · 그릇된 견해가 있고, 또 술을 마시고 정신이 어지러워지는 것이겠습니까.

만약 아성(我性)이 상(常)이라면, 소경은 빛을 볼 것이요, 귀머거리는 소리를 들을 것이요, 벙어리는 말할 것이요, 다리 병신은 걸을 수 있을 것입니다.

만약 또 아성이 상(常)이라면, 화재 · 수해 · 독약 · 칼 · 악인 · 금수 따위의 고난을 피할 필요도 없을 것입니다.

만약 아성이 상이라면, 잊어버린다는 일도 없을 것이며, 또 노쇠와 성쇠가 있어서 과거를 추억한다는 일도 없을 것입니다.

만약 아(我)가 상이라면, 그것은 어디에 존재합니까. 몸 속에 두루 있는 것이라면, 몸이 멸할 때 아(我)도 역시 멸할 것입니다."

(열반경 여래성품)

즉 현실은 변화 · 생멸하는 유한 · 차별의 세계이며, 따라서 상주 · 평등의 불성이 두루 존재한다는 것은 모순이 아니냐는 의문이다. 사실 인간의 현실에는 빈부 · 귀천 · 노소 · 남녀 따위의 차별이 있고, 또 온갖 악한 행위가 눈에 띈다. 또 갖가지 재앙이 있어서 우리를 불행으로 몰아 넣고 목숨을 잃게 하는 수도 있다. 이것은 부정할래야 부정할 수 없는 인간의 현실이다. 불성이 있다고 해도 우리는 그것을 모르고, 현실은 추한 모습을 드러내고 있다. 그리고 우리의 몸이 멸할 것도 사실이다. 따라서 그 몸을 채우고 그것과 별개의 것이 아닌 불성은 신체의 소멸과 동시에 없어진다고 말하지 않을 수 없고, 그렇기 때문에 불성 상주라든지, 영원한 자기 생명의 존속 같은 것은 바랄 수 없는 일이 아니겠는가. 이것은 현실에 입각하여 생각할 때, 당연히 일어날 수 있는 의문이라 하겠다.

그런데 『열반경』의 법신 상주 · 불성 상주설은 이런 현실의 사실을 무시하고 설해진 것은 아니었다. 인간계의 현실상에서 영원을 본다는 것은 현실의 상대성을 무시하여 그것을 영원시 · 절대시한다는 일은 아니다. 그것은 미혹이다. 무릇 인간의 미혹의 근원(무명)은 거기에 있으며, 그러기에 붓다는 그 미혹을 깨뜨리기 위하여 인생의 무상을 강조했다. 그러면 영원은 이 현실과 다른 차원에 있다고 생각해야 할 것인가. 그러나 이것 또한 진정한 영원을 파악 못한 데서 오는 잘못이며, 그런 의미에서 미혹의 하나임이 밝혀졌다. 그리고 이 미혹을 타파하기 위해서 영원은 이 현실과 떨어져서 있는 것이 아니라 상즉(相卽)하여 있음이 주장된 것이다.

그러므로 무턱대고 인생의 영원을 말하고 인간을 긍정하는 것은 아니다. 만일 그렇다면 이것은 악긍정(惡肯定)이요, '악무애

(惡無碍)' 라고 일컬어져야 한다. 다시 자전거와 사람, 또는 말과 사람의 비유를 쓴다면 자전거와 사람, 말과 사람의 불이 일체(不二一體)의 영원상은 타는 이와 태우는 것의 상대적 이(二)의 현실상을 버린 곳에서 포착되는 것은 아니었다. 그와는 반대로 불이 일체란 양자가 각기 바르게 운동하고 있는 사실을 표현한 말이었다. 그런 의미에서 불이 일체의 영원상은 상대적 이의 현실상과 격리되어 존재하는 것이라고는 볼 수 없다. 그렇다고 하여 바르게 탈 수 있기 이전의 상태, 즉 타려고 하고 운전하려 하다가는 떨어지고 다치는, 그러한 상대의 이(二)의 현실상 그대로가 불이 일체의 영원상이라는 뜻은 아니다. 여기에서의 현실상이란 미혹과 아집의 모습임에 틀림없다. 그리고 그 미혹과 아집은 현실의 상대성을 이해하지 못하고(무명), 거기에서 영원 절대한 것(자아)을 구하는 데 있다. 그렇기 때문에 현실의 상대성을 있는 그대로 보고(여실지견), 미혹을 쓸어 버릴 것이 설해지는 것이다. 그렇다고 해서 이것은 영원한 것을 상대적 현실과 격리된 피안에서 구한다는 뜻은 아니다. 미혹이 가신 현실에 영원히 있다는 것이다. 만약 상대적 현실의 피안에서 영원을 구하려 한다면, 그것 또한 미혹이다. 이리하여 영원 · 절대는 상대적 현실을 상대적 현실이라고 여실히 인식하는, 그 상대적 현실 속에서 발견된다는 이론이 성립한다.

바꾸어 말하면, 상대적 현실을 영원시 · 절대시하는 데에는(첫째 미혹) 영원 · 절대가 포착되지 않고, 거꾸로 상대적 현실과 격리된 저쪽에서 영원 · 절대를 찾는 것도(둘째 미혹) 역시 실패로 끝날 수밖에 없다는 말이다. 첫째 과오는 상대적 현실을 그대로 긍정하는 태도요, 다시 그 미혹으로 점철된 현실상(일상적 현실)까지도 긍정하여 그대로 주저앉고 말 위험성이 있으며, 한편 둘째 미혹은 현실에 절망하여 현실을 부정하고 포기하는 태도이다. 그 어느 것에서건 영원은 발견되지 않는다. 즉 영원은 현실 그대로의 상태에서 포착되는 것도 아니며 현실을 외면함으로써 포착되는 것도 아니라는 것, 바꾸어 말하면 영원은 개발되어야 하는 것으로서, 즉 현실에서 활현(活現)되어야 하는 것으로서 존재한다는 것, 현실의 바른 활용을 통하여 실증되지 않으면 안 된다는 것이다. 이로부터 불성 함몰 · 불성 개발이 설해지게 된다.

불성의 함몰

카샤파의 의문에 대해 붓다는 이렇게 대답했다.

"이를테면 미간에 금강주가 있는 장사가 다른 장사와 씨름하다가 그 구슬이 피부 속으로 들어가 버렸다 하자. 그 사람은 이마에 상처가 났다고 생각하여 의사에게 보였다. 의사는 상처가 구슬 때문에 생겼고, 그 구슬은 아직도 피부 속에 박혀 있음을 보고 장사에게 물었다. 장사는 '구슬은 떨어져 없어진 것이 아닌가. 어디에 있단 말인가. 있는 듯이 보이는 것은 자취요 그림자에 불과하지 않겠는가.' 라고 하면서 슬퍼하여 울었다. 그때 의사는 장사를 위로하였다.

'낙심하거나 슬퍼하지 말라. 그대가 싸울 때 구슬이 안으로 들어가 지금도 피부 속에 있으며, 그 그림자가 밖에 나타나 있다. 그대가 싸울 때 노기가 너무 치열했다. 그 때문에 구슬이 몸 안으로 들어가도 스스로 알지 못한 것이다.'

그러고 나서 의사가 거울로 장사의 얼굴을 비추자 구슬은 거울 속에 명확히 그 찬란한 모습을 나타냈다. 장사는 그것을 보고 깜짝 놀라 이상한 느낌을 받았다.

일체 중생도 또한 이러하다. 좋은 선지식과 가까이하지 않은 까닭에 불성이 있어도 스스로 보지 못하는 것이다. 더욱이 탐 · 진 · 치에 덮여 있기 때문에 미혹의 여러 상태가 나타나게 되는 것이다.

일체 중생이 온갖 번뇌에 덮여서 불성을 자각하지 못하고 있거니와, 만약 번뇌를 없앤다면 곧 그것을 알 수 있음이 저 장사가 거울에 의해 구슬을 볼 수 있는 것과 같다." (如來性品)

불성 상주에 대해 이런 비유로 설명하고 나서, 다음에는 논리를 가지고 정리해 보였다.

"이제 마땅히 불성의 존재 양상에 대해 설하겠다. 만약 아(我)가 상(常)이라면, 고(苦)를 떠날 수가 없으리라. 만약 아(我)가 없다면, 청정한 행실을 닦아도 이익이 없으리라.

만약에 모두 아가 있지 않다고 말한다면 이는 곧 단견(斷見)

에 빠진 것이며, 만약에 아가 있다고 말한다면 이는 곧 상견(常見)이니라. 만약 모두가 다 무상하다고 말한다면 단견이요, 모두가 다 낙이라 한다면 상견이다.

상(常)을 구하는 이는 도리어 단견에 빠지고, 단(斷) — 무상 — 을 말하는 이는 도리어 상견에 빠지리라. 네 발 달린 벌레가 반드시 앞발에 의지하여 뒷발을 옮길 수 있음과 같이 상단(常斷)을 논하는 이도 역시 이와 같이 반드시 단상(斷常)에 의거하느니라.

불법의 중도는 두 극단을 초월하여 진정한 양상을 밝히는 것이니, 유무 · 상단은 그 본성이 고정해 있음이 아니니라. 그러므로 사물의 진상을 통찰하고, 무상이라 해도 사실은 상주요 변화가 없음을 알라.

범부는 이(二)를 세우나, 지혜 있는 이는 그 성품이 무이(無二)요, 무이의 성품이 곧 실성(實性)임을 안다. 아(我)와 무아(無我)는 그 성품이 둘이 아니니, 여래 비장의 그 뜻이 이러하니라."

즉 범부는 현실에서 상주의 것을 구하고(常見), 현실의 무상함에 봉착하자 현실에 절망하고 만다(斷見). 또 현실의 무상함에 절망하여(斷見), 현실과 격리된 피안에서 상주할 것을 구한다(常見). 이리하여 상(常)으로부터 단(斷)에, 단으로부터 상에, 네발 달린 벌레처럼 옮아 다닌다. 이는 상(常)을 한쪽에 단(斷)을 다른 한쪽에 고정시켜 양자를 대립시켜서 생각하는 태도이다. 이것은 어디까지나 미혹이니, 본래는 불이 중도(不二中道)로서 존재하는 것임은 새삼 이를 것도 없다. 이에 대하여 앞에 든 『생사각용초』에는

"슬프도다 육도(六道)의 중생, 슬프도다 삼계(三界)의 범부, 태어나면서도 공연히 태어나 삶의 연유를 모르며, 죽으면서도 헛되이 죽어 죽음의 까닭을 깨닫지 못하는도다.

본유 무작(本有無作)[1]의 생사는 처음도 끝도 없어서 상주요, 유무(有無)의 심체(心體)[2]는 단견도 상견도 아니니라. 만약 삶을 떠나는 것이라면 삼세의 제불이 세상에 나와 중생을 제도할 까닭이 없으며, 만일 죽음에서 끝나는 것이라면 시방의 여래가 열반에 들어가 적멸의 낙을 받을 리가 없도다.

생사에 머물려 하지 말라. 윤회의 고통은 견디기 어려운 까닭이요, 생사를 떠나려 하지 말라. 단견의 허물을 면하기 어려울까 하노라. 오직 일심의 체(體)를 깨달아 속히 이견(二見)의 고통을 떠나라."

고 설해져 있으며

"이는 생사 자재의 법약(法藥)이요, 임종 정념(正念)의 비술(秘術)이니, 행자는 항상 잘 생각하여 생사를 두려워 말라."

1) 본래부터 있고, 조작함이 없는 것.
2) 마음의 본체.

고 가르치고 있다.

이를 구체적으로 말하면 다음과 같이 된다. 현실은 무상하여 거기에는 상주하는 것이라고는 존재하지 않는다. 그런 의미에서는 무상과 상(常)이 대립하고 있다고 할 수 있다. 그러나 그렇다고 해서 상주하는 것이 무상한 현실과 격리되어 있는 것도 결코 아니다. 이(二)면서 불이(不二), 불이면서 이의 관계에 있는 것이다. 이것이야말로 영원한 존재의 비밀이요, 불가사의한 일면이다. "여래 비장(秘藏)은 사의(思議)를 초월한다." 또는 "불성은 불가사의다."라고 강조되는 까닭이 여기 있다. 현실은 그대로 영원인 것은 아니다. 그러므로 영원한 것(불성)은 개발되어야 하는 것으로서 존재한다. 그러나 현실을 떠난 영원이란 있을 수 없다. 따라서 영원한 것은 현실에 살려져야 하는 것으로서 존재한다.

이 관계를 이해시키기 위하여 다시 우유가 발효해 가는 다섯 단계(五味)에 비유하여 설명하고 있다.

"그것은 젖에서 낙(酪)이 생기고, 낙에서 생소(生酥)가 생기고, 생소에서 숙소(熟酥)가 생기고, 숙소에서 제호(醍醐)가 생기는 것과 같다. 이러한 낙(酪)의 성질은 젖에서 생겼는가, 스스로 생겼는가, 다른 것에서 생겼는가.

고정적으로 젖 속에 낙(酪)이 있다든지, 젖 속에 낙이 없다든지 해서는 안 된다. 또 다른 것에서 생겼다고 설해도 안 된다. 만약 젖 속에 반드시 낙이 있다고 말한다면, 어째서 모양과 맛이 각기 다를 수 있겠는가. 그러므로 젖 속에 반드시 낙성(酪性)이 있다고 할 수는 없다. 또 만약에 젖 속에 반드시 낙이 없는 것이라면, 젖에서 왜 토각(兎角)은 생겨나지 않는 것인가. 그러므로 반드시 낙성(酪性)이 없다고는 말할 수 없다. 만약 또 이 낙(酪)이 다른 것에서 생겼다면, 어째서 물에서는 낙이 생겨나지 않는가. 그러므로 낙이 다른 것으로부터 생긴다고는 말하지 못한다.

소가 풀을 먹고 이것이 인연이 되어서 피가 곧 백색으로 변하는 것이니, 이 젖이 풀에서 나왔다 해도 이(二)의 구별을 세울 수는 없다. 다만 인연에서 생겼다고 말할 수 있을 뿐이다."

(如來性品)

그리고

"만약 단 풀을 먹으면 그 젖이 달고, 만약 쓴 풀을 먹으면 젖이 쓴 맛이 되는 것이다. 그러므로 풀의 인연에 따라 그 젖에 맛의 차이가 생기는 것이다.

온갖 중생들도 역시 그러해서, 명(明) · 무명(無明)의 업인연(業因緣)에 의해 이상(二相)이 생긴다. 그러나 만약 무명이 지양되면 곧 변하여서 명(明)이 되는 것이며, 선 · 불선 같은 것도 역시 마찬가지이다. 이상(二相)이 있으면서 이상이 없는 것이다."

(同上)

라고 말했다. 이와 같이 현실 생성의 원리인 인과의 법칙에 의거하여 불성이 숨기도 하고 나타나기도 하는 것을 설함으로써 끝맺음을 삼고 있다.

불성과 발심

우리는 우주의 대법(大法)이라고나 해야 할 유원한 진리가 헤아릴 수 없는 광명, 헤아릴 수 없는 생명으로서 우주의 구석구석까지 비치고 물결쳐서 온갖 사물 · 사상(事象)의 생성과 활동은 모두 그 나타남임을 알았다.

이런 것을 『열반경』은 법신 상주니 상락아정(常樂我淨)이니 여래 편만(如來遍滿)이니 실유 불성(悉有佛性)이니 하는 따위의 말로 표현했다. 이리하여 영원의 상(相) 밑에서는 모든 것이 상주의 모습으로서 긍정되기에 이르는 것이다. 이것을 그 궁극에까지 밀고 나간 것이 '천태 본각 사상'이었다. 거기서는

> "성(性)이 상주이므로 상(相)도 상주이다. 물이 상주이기에 물결도 상주이다. 수파 불이(水波不二)인 까닭에." (枕雙紙)

> "무상은 무상인 채로 상주임을 잃지 않고, 차별은 차별인 채로 상주임을 잃지 않는다." (同上)

라고 설해지고 "지는(散) 지는 상주, 피는(咲) 피는 상주"라는

표어까지 생겨났다. 또 미혹에 의해 일어난 현상도 미혹하면 이렇게 된다는 법칙의 지배를 받는 것이므로, 역시 영원한 이법(理法) 밑에 있는 것이라 하여 그 나타남의 하나로서 긍정되기에 이르렀다. 즉

"번뇌 생사 · 보리 열반, 다 천연의 법위(法位)인 것이다."

(同上)

"우리네 중생의 염념 상속의 망상은 오로지 반야(般若) 상응의 지혜이니라." (同上)

"삼천 제법(만유)이 본분 상주(本分常住)인 까닭에 번뇌 · 보리 각기에도 본유 상주(本有常住)하는 것이다." (漢光類聚)

라고 말했다.

확실히 이런 말을 듣고 있노라면, 이제까지 좁은 틀 안에 갇혀서 이것저것 얽매여 있던 마음이 우주 가득 해방되어 큰 기쁨이 속에서 샘솟고, 거기에서 인생 달관 · 인생 긍정이 생겨남을 느끼게 된다. 그리고 어떠한 때라도 남과의 비교 의식을 초월한 절대적 경지를 맛보게 된다. 이를테면 다른 사람이 선택되고 자기가 빠졌다 할 때 남과 비교하는 까닭에 불운 · 불행이라고도 보일지 모르거니와, 선택되지 않았다는 것이 그때의 자기에게는 가장 다행스런 일이었다고 달관하게 되는 것이다.

그러나 돌이켜 생각해 보건대, 이것은 무상 변멸의 현실상을 망각하고 그것을 바로 영원 상주라고 오해하는 일은 아니었다. 현실의 유한 · 상대적인 사실들과 미혹이 원인이 되어 생겨난 악현상은 영원의 상(相) 밑에서는 영원과 별개의 것이라고 구별할 필요가 없으려니와, 이것은 그러한 사실들과 악현상이 존재하지 않는다는 뜻일 수는 없다. 그런 의미에서는 앞에 보인 인생에 대한 큰 달관과 큰 긍정은 인생에 대한 큰 초월과 큰 부정을 내포한 것이라 해야 될 것이다. 이 점에서 말한다면 현실의 유한 · 상대성은 그래도 방치해 둘 성질의 것이 아니며, 또 미혹은 일소되어야 할 성질의 것이어서, 번뇌에 뒤덮여 있어 가지고는 불성을 지니고 있어도 볼 수 없다고 설해지기도 하는 것이다. 즉 『열반경』에

"이 나는 본래부터 이제껏 항상 무량한 번뇌에 의해 가려져 있다. 그러기에 그것을 못 보는 것이니, 마치 가난한 여인이 집 안에 황금의 곳집이 있음을 알지 못하는 것과 같다." (如來性品)

"일체 중생이 누구나 불성이 있건만 번뇌에 덮인 까닭에 보지 못한다. (獅子吼菩薩品)

고 한 것이 그것이다.

바꾸어 말하면 불성이 있다고 해서 그것으로 다 되는 것이 아니라, 미혹 · 번뇌를 제거하기 위해 발심(發心)하지 않으면 안

된다는 것이다. 여기서 불성에 대해 보리심 또는 발보리심(發菩提心)이 설해지게 된다. 사자후보살품에

"중생의 불성을 곧 부처라고는 이르지 않는다. 온갖 공덕의 인연의 화합으로 불성을 보면, 그런 다음에 부처가 될 수 있는 것이다."

라고 하여 사람들에게 불성이 있으나 그것만으로 부처인 것이 아니라, 깨달음을 향해서 발심하고 갖가지 공덕을 쌓아 가는 인연이 성숙해질 때 비로소 불성이 나타나며 붓다가 되는 것이라고 주장했다. 이에 대해 도겐(道元)도

"이 법은 사람마다 충분히 가지고 있거니와, 닦지 않으면 나타나지 않고 체득하지 않으면 얻는 일이 없다." (正法眼藏)

"즉심시불(卽心是佛)이란 발심 · 수행 · 보리 · 열반의 결과로 부처가 됨을 말함이니, 발심 · 수행 · 보리 · 열반을 실증하지 않는다면 즉심시불일 수가 없다." (同上)

"불성은 성불하기 이전에 구비하고 있음이 아니라, 성불하는 순간부터 구비되는 것이다. 불성은 반드시 성불과 병행하는 것이다." (同上)

라고 하여 같은 취지의 말을 하고 있다. 그리고 "불성은 성불 이후의 장엄(莊嚴)[3]이다."라고 하여 불성이 발성 · 수행의 성과로서 얻어지는 것이라고 보았다. 따라서 성불하기도 전에 불성이 있다고 뽐내는 것을 경계하기 위하여 도겐은 때로 '무불성(無佛性)' 이라는 것을 설하기조차 하고 있다.

물론 보리(bodhi ; 깨달음)를 지향하는 것은 불성이 있기 때문이며, 불성이 없고 보면 발보리심이라는 것도 있을 수 없다고 생각되기도 한다. 그러나 그것은 불성과 보리심은 동일한 것이고, 따라서 불성이 있다는 그것만으로 족하여 새삼스레 보리심을 일으킬 필요도 없다는 논리가 될 수는 없다. 그래서 중생에게 만약 불성이 있다면 응당 초발심(初發心)은 있을 수 없으리라고 여기는 사람에 대해서는

> "마음은 불성이 아니다. 왜냐하면 마음은 무상한 데 대해 불성은 상(常)한 것이기 때문이다." (獅子吼菩薩品)

라고 설해지게 되는 것이다. 현실의 마음은 움직이고 변화하는 것이기에, 그것이 그대로 상주 불변하는 불성이라고는 볼 수 없다는 것이다.

또한

---

3) 흔히 '장식' · '미화' 의 뜻으로 쓰이나, 여기서는 '장한 상태' 라는 정도의 뜻.

"이 보리심은 실로 불성은 아니다. 왜냐하면 일천제(一闡提, icchantika)[4] 같은 이들은 선근(善根)을 끊어서 지옥에 떨어지기 때문이다. 만일 보리심이 곧 불성이라면, 일천제인 이들에 대해 일천제라는 이름을 붙일 수 없을 것이다." (同上)

라고도 설했다. 즉 현실에는 선근을 아주 단절해 버린 극악자(일천제)가 존재하므로 따라서 모든 중생에게 평등히 불성이 있다는 것만으로는 문제가 끝나지 않는다는 것이다. 현실의 차별상에 주목할 때에는, 바꾸어 말하면 현실의 견지에서는 불성이 현실적으로 실현되어야 할 이상으로서 존재한다는 것, 나아가서는 불성을 개발하기 위한 보리심을 일으킬 필요성이 설해지지 않으면 안 된다는 것이다.

이것을 비유해서 불성은 광석 속에 박혀 있는 금과 같고, 그것을 광석 중에서 빼내어 정련하는 것이 발보리심이라 했으며, 그리고 불성을 정인(正因), 발보리심을 연인(緣因 ; 보조적 원인)이라고 보았다.

"그러므로 나는 두 가지 원인을 설한다. 정인과 연인이 그것이다. 정인은 불성을 말함이요, 연인이란 발보리심이다. 이 두 가지 인연에 의해 무상의 깨달음을 얻는 것이니, 마치 돌에서 금을 빼내는 것과 같다." (獅子吼菩薩品)

---

4) 선행을 일체 끊어 버렸기 때문에 성불할 가능성이 전무한 사람.

만약 불성과 보리심을 동일시할 때에는 불성에 정인과 연인이 있다고 보게 될 것이다. 세친(世親, Vasbandhu, 약 320~400)의 『불성론(佛性論)』 권1에서는 삼불성이 세워져, 이치로서 존재하는 그것을 자성주 불성(自性住佛性), 초발심에서 성불에 이르는 동안에 점차 나타나는 그것을 인출 불성(引出佛性), 부처가 되고 나서 나타나는 그것을 지득과 불성(至得果佛性)이라 불렀다. 또 천태(天台)에서는 모든 것에 갖추어져 있는 영원한 진리를 정인 불성(正因佛性), 진리를 비추어 드러내는 지혜를 요인 불성(了因佛性), 지혜를 일으키는 인연이 되는 선행을 연인 불성(緣因佛性)이라 불렀다. 그리고 불성 개발을 위한 보리심을 '불종(佛種)'이라고도 일컬어, 그 불종을 심는 것 즉 '하종(下種)'이라는 것이 강조되었다. 또 현실의 차별상에 역점을 둔 법상 유식(法相唯識)에서는 모든 존재의 본체인 영원한 진리(진여)를 이불성(理佛性), 성불의 원인이 되는 종자를 행불성(行佛性)이라 불러서, 이불성이 있어도 행불성이 없는 사람은 성불할 수 없다고 하기에 이르렀다.

이상의 실현

불성의 개발

그런데 광석 속에서 금을 빼내듯이 불성을 개발한다고 해도, 그 불성을 육체 속에 숨어 있는 영혼 같은 것으로 생각해서는 안 된다는 것은 앞에서 이미 말한 바이다. 흔히들 육체와는 무관계한 독립적 개체로서의 영혼이 있는 것처럼 알아서, 육체가 제거됨으로써 영혼은 그 본래의 성질을 발휘할 수 있게 되는 것처럼 생각하는 경향이 있다. 그러나 불성이란 그런 것이 아님은 이제까지 여러 번 말해 왔다. 하지만 불성 개발이라 하니까 다시 그런 따위의 생각으로 불성을 받아들이는 사람들이 생겨났다. 그래서 이번에는 불성은 육체 따위의 현실상을 버리는 것에 의해 나타나는 것이 아니라 현실상 위에 실현되어야 하는 것으로서 존재한다는 것, 그것이 불성 개발의 참뜻임을 밝히고 그것에 의해 앞에 든 영혼 중심의 사고 방식의 오류를 시정하려는 움직임이 생기지 않을 수 없었다.

『열반경』 교진여품 제25에는 갖가지 불교 외의 사상가(外道)의 이름이 나오고, 그 견해에 비판을 가하고 있다. 그 하나에 세니카(先尼, Senika)라는 외도가 있어서 영혼(我)은 모든 것에 있지만 현실의 차별상과는 무관계한 것으로 존재하며, 그 영혼에서는 현실의 차별상은 존재하지 않는다고 주장한 듯하여, 붓다와의 사이에 다음과 같은 문답이 전개되고 있다.

붓다가 물었다.

"세니카여, 이 아(我)는 모든 곳에 두루 충만해 있다고 그대는 설하는가."

세니카가 대답했다.

"붓다여, 오직 나만이 그렇게 설하는 것이 아니라, 모든 슬기 있는 이들도 그렇게 설하고 있습니다."

붓다가 다시 물었다.

"만약 아(我)가 모든 곳에 두루 충만해 있다면, 무엇 때문에 악을 행해 지옥에 떨어지는 일이 없도록 노력하며 선을 행해 천국에 태어나도록 노력하는 것인가."

"아(我)에는 두 가지가 있으니 육체 속에 있는 아와, 본래부터 상주하는 아입니다. 육체 속에 있는 아를 위해서 악을 행해 지옥에 떨어지는 일이 없도록 노력하며 선을 행하여 천국에 태어나도록 노력하는 것입니다."

"그대는 아(我)가 상주한다고 했거니와, 그 아가 육체 속에 있다면 무상한 육체와 함께 그 아도 무상하다고밖에는 말할 수 없으리라. 만약 그 아가 육체 속에 없다고 하면 모든 곳에 두루 충만해 있다고는 말할 수 없지 않은가."

"붓다여, 내가 말하는 아(我)는 육체 속에 있어도 상주합니다. 이를테면 집이 타도 주인은 집으로부터 나와 다른 데로 가는 것 같이, 육체는 무상 · 변멸해도 아는 거기로부터 나와 다른 곳으로 가는 까닭에 아는 편만(遍滿) · 상주한다고 보아야 합니다."

붓다는 다시 질문을 던져 차차 세니카를 궁지로 몰고 갔다. 그렇게 함으로써 불교에서 주장하는 불성 편만의 진의를 깨닫게 하려고 했다. 즉 불성 편만이란 육체 따위의 현실의 유한성을 무시하는 것이 아닌 동시에, 그렇다고 하여 유한한 육체 속에 그것과는 별도로 숨어 있는 것도 아니라는 것이다.

이것을 차별 · 무차별이라는 것에 관련시켜서 말한다면, 불성이 무차별 · 평등하게 현실에 편만해 있다는 것은 현실의 차별상을 무차별 · 평등시한다는 것이 아니며, 그렇다고 차별의 현실상 속에 그것과는 무차별의 불성으로 잠재해 있는 것도 아니라는 것이다. 그러므로 붓다는 다음과 같이 반문했다.

"만약 그대가 그런 의미에서 일체 중생이 동일한 아(我)라 하면, 그것은 즉 세상 도리에 어긋나는 것이 되리라. 왜냐하면 세상 도리에서는 부자니 모녀니 하는 이름이 있는 까닭이니라. 만약 모두가 같은 아(我)로 이루어졌다면, 아버지는 곧 아들, 아들은 곧 아버지가 될 것이며, 어머니는 곧 딸, 딸은 곧 어머니가 될 것이 아닌가. 또 원망은 곧 친애, 친애는 곧 원망이 되고, 이것은 저것, 저것은 이것이 되리라. 이런 까닭에 일체 중생이 동일한 아(我)라고 설하는 것은 곧 세상의 도리에 어긋나는 셈이다."

이에 대해 세니카는

"일체 중생이 동일한 아(我)를 지니고 있다고 하는 것이 아닙니다. 한 사람 한 사람이 각각 자기 나름의 아를 지니고 있다고 말하는 것입니다."

라고 변명했다. 여기서 붓다는 여유를 주지 않고

"만약 한 사람 한 사람마다 각기 자기 나름의 아(我)가 있다면, 이것은 아가 많다는 것을 인정함이 되리라. 그렇다면 '아가 모든 곳에 두루 충만해 있다.'는 주장과 모순되지 않는가. 한편 만일에 아가 모든 곳에 두루 존재한다면 일체 중생의 활동 역시 그러해야 하지 않겠는가."

라고 반박하여 마침내 세니카로 하여금 대답할 말이 없게 만들었다. 요는 영원 · 평등의 불성이 무상 · 차별의 현실의 안이나 밖에 그것과는 떨어져서 존재하는 것도 아니며, 현실의 무상 · 차별상을 무시하고 그대로 영원 · 평등의 불성을 보는 것도 아니라는 것이다. 적극적으로 말하자면 불성은 무상 · 차별의 현실 위에 실현하지 않으면 안 되는 것으로서, 영원 · 평등의 불성이 존재한다는 것을 밝히려 한 것이다. 불성의 개발이란 이런 뜻이다.

이 점에 대해 참고가 되는 것은 도겐(道元)의 논설이다. 도겐은 일종의 영혼 불멸설이라고도 할 '심성 상주(心性常住)' 즉 신멸 심상설(身滅心常說)에 대해서 앞에 나온 세니카 외도의 견해를 도마에 올려 놓고 비판을 가하고 있는 것이다. 즉

"생사를 개탄하지 말라. 생사를 떠나는 아주 빠른 길이 있다. 이른바 심성의 상주하는 도리를 아는 것이 그것이다. 그 취지는 이 신체는 이미 생긴 것이므로 죽어 갈 것이지만, 이 심성은 절대로 멸함이 없다는 것이다."

라는 설에 대해

"지금 말하는 이런 견해는 전혀 불도가 아니며, 세니카(先尼) 외도의 생각이다. 그 외도의 견해는 이러하다. 우리의 몸에는 속에 하나의 영지(靈知 ; 영혼)가 있다. 이 영지는 어떤 연(緣)

을 만날 때마다 능히 호오를 식별하고 시비를 분별한다. 아프고 가려운 것을 알며 고락을 이해함이 모두 이 영지의 힘이다. 그런데 이 영지는 몸이 멸할 때 몸에서 벗어나 다른 데에 가서 태어난다고 한다. 즉 이 영지는 멸한 듯 보여도 다른 데서 태어나는 것이니까, 길이 불멸 · 상주하는 것이라는 주장이다.

저 외도의 견해는 이러한 것이다. 그런데도 불구하고 이 견해를 배워 불법인 양 아는 것은 기와나 조약돌을 집어 금은 보화라고 생각하는 것보다도 더 어리석은 행위이다. 그 어리석음을 비유할 데가 없다." (正法眼藏)

라고 비난하고 있다. 또

"몸은 여기에 남아도 성(性)은 이미 깨달음의 세계로 돌아갔다. 성(性)은 곧 마음이며, 마음은 몸과 같지 않기 때문이다. 이와 같이 생각하는 것은 곧 외도의 소견이다. 또는 사람이 죽을 때 심성(心性)은 반드시 성해(性海)로 돌아간다. 불법을 닦고 익히지 않았다 해도 자연히 각해(覺海)로 돌아가기에 다시 생사의 윤회가 없다. 그러므로 후세란 없다고 말함은 곧 단견(斷見)의 외도이다." (同上)

라든지

"중생이 죽어서 성해(性海)로 돌아가고, 대아로 돌아간다고

말하는 것도 마찬가지로 외도의 견해이다." (同上)

라고도 평하고 있다. 영혼 불멸 내지 심성 상주설은 상주라는 일에 얽매인 것이라 보아 본래 상견(常見)이라 일컬어져 왔거니와, 도겐은 여기서 상주의 영혼·심성에 고집하여 현실의 인과 생성의 역동(力動)·실천을 끊어버린 것이라 하여 단견이라고도 평한 것이겠다. 도겐은 또 불성이라는 것에 대해서 "불성의 견해를 듣고 학자들이 흔히 세니카 외도의 아(我)처럼 그릇 생각하고 있다."고 말하였다. 선종에서 강조하는 즉심 시불(卽心是佛)이니, 직지 인심(直指人心)·견성 성불(見性成佛) 따위의 말도 그런 의미로 받아들인다면 "이는 곧 세니카 외도의 견해다." "외도의 생각이다." "외도 천마(千魔)의 무리이다."라고 비난을 받아야 될 터이다.

자연의 타파

교진여품 제25에는 또 납의(納衣)라는 외도의 학설이 소개되어, 그것에 비판이 가해지고 있다. 그 외도는

"일체 제법(諸法)은 자성(自性) 때문에 있는 것이며, 인연으로 생긴 것이 아니다."

라고 주장하고 그 증거로서

"거북이 뭍에서 나서 저절로 물에 들어가고, 송아지가 나자마자 스스로 젖을 먹고, 물고기가 미끼를 보면 저절로 삼켜 버리고, 독사가 나면 저절로 흙을 먹는 것과 같다. 이것들은 누가 그렇게 가르친 것이 아니다. 가시가 생기면 스스로 끝이 뾰족해지고 나는 새의 깃털이 저절로 빛깔이 다른 것과 같다.

세상 사람들도 역시 그러하다. 날카로운 사람이 있는가 하면 둔한 사람이 있고, 가멸은 사람이 있는가 하면 가난한 사람이 있고, 아름다운 사람이 있는가 하면 추한 사람이 있고, 해탈을 얻는 사람이 있는가 하면 해탈을 얻지 못하는 사람이 있다.

그러므로 모름지기 알라, 일체 법(만물)에 스스로 자성(自性)이 있다는 것을."

이라고 설했다. 즉 납의 외도는 모든 존재에 각기 고정된 본성(자성)이 있고, 그것에 의해 운명도 결정되어 있어서 생활 행동도 거기에서 자연히 일어나게 된다는 것, 모든 것은 자성 · 자연으로서 처음부터 그렇게 될 것이 정해져 있는 것이며, 따라서 그것들이 인연에 의해 이루어진 것이 아님을 주장한 것이라고 여겨진다. 이것은 인과의 생성 발전을 부정하여 현실의 타개, 생활의 개척, 사회의 개선 등을 인정하지 않는 것이다. 또 인과라는 것을 내세우는 경우에도 자인 자과(自因自果)라고 보아 우리의 자유 의지나 주체적 형성 작용이 끼어들 여지가 완전히 배제된 것이어서 일종의 운명설임에 틀림없다. 이런 주장에 대해 불교로부터는 '자연 외도'라 하여 강한 비판이 가해졌다. 교진여품

에서는

> "이것은 옳지 않다. 왜냐하면 모두 인연에 의해 생기는 까닭이다."

라고 비판하고 다시

> "만약 자성이라면 웃는 사람은 항상 웃을 것이며, 우는 사람은 항상 울 것이어서, 어떤 때는 웃고 어떤 때는 운다는 일은 있을 수 없을 것이다. 만약 어떤 때는 웃고 어떤 때는 우는 것이 사실이라면, 마땅히 알라, 모든 것은 다 인연을 따르고 있다는 것을. 그러기에 일체 법에 자성이 있는 까닭에 인연을 따르는 것이 아니라고 설해서는 안 된다."

라고 맺고 있다. 즉 우리는 때에 따라 웃기도 하고, 때에 따라 울기도 하는 것이 엄연한 사실이다. 웃는 사람은 어떤 경우에도 항상 웃게 되어 있어서, 그것이 변경할 수 없는 고정적 결정성을 가지고 있지는 않다는 것이다. 물론 이러한 경우에는 웃고 저러한 경우에는 울게 된다는 것이 미리 그렇게 결정되어 있다고 말할지도 모르지만, 우리는 응당 울어야 될 경우에 웃을 수도 있는 것이다. 거기에는 자유 의지 · 주체적 정신에 의해서 현실의 세계와 자기를 변경시킬 수 있는 가능성이 존재하는 것처럼 보인다.

곁들여 말한다면 가상 대사(嘉祥大師) 길장(吉藏, 549~623)은 『중관론소(中觀論疏)』에서 "자연을 표방하는 것에 두 가지가 있다."고 하여 자연설에 중국 장자(莊子)의 자연설과 인도 외도의 자연설의 두 가지가 있음을 지적했다. 그는 이어서 장자의 자연설은 인과를 부정하는 것은 아니지만 그것은 고정적 · 결정적인 것으로 생각했으므로 그런 의미에서 자인(自因) · 자과(自果)를 주장하는 것이라 했고, 이에 대해 인도의 자연 외도는 인(因)을 부정하여 과(果)만을 보는 무인 유과론(無因有果論)이라고 소개하고 있다. 그 중에서 길장은 『열반경』 범행품(梵行品) 20의

> "가시의 끝이 뾰족함은 누가 만든 것인가. 나는 새의 빛깔이 다름은 또 누가 만든 것인가. 물이 부드럽고 돌이 딱딱하고 바람이 움직이고 불이 뜨거운 것과 같은 일체 만물은 스스로 나서 스스로 죽어 가거니 누가 만든 것이라 하랴."

는 말을 인용하면서 그것에 비판을 가하고 있다. 이것은 아버지를 죽이고 죄의식으로 떨고 있는 아자세 왕(阿闍世王)에게 어느 대신이 지옥에 떨어지는 사람은 무엇을 해도 처음부터 지옥에 떨어지도록 결정되어 있으니, 아버지를 죽였다고 해서 지옥에 떨어질 것을 두려워할 필요는 없는 것이라고 왕을 위로한 말이다.

천태 대사 지의는 『마하지관(摩訶止觀)』에서

"장자에 의하면 귀천 고락과 시비 득실이 모두 자연에 의한다고 한다. 만약 자연이라 하면 이는 과(果)를 깨뜨리지 못할 것이며, 선업(先業)을 밝히지 않음은 곧 인(因)을 깨는 것이니라."

하여 장자의 자연설까지도 파인(破因)의 논의라고 비난하고 있다.

자연 외도나 장자의 자연설에 대해 특히 강한 비판을 가한 이가 도겐이어서, 그는 『정법안장』에서 『마하지관』의 앞에 인용한 문장을 들면서

"장자가 말하되 귀천 고락과 시비 득실이 다 자연일 뿐이라고 한다. 이 견해는 인도의 자연 외도의 그것과 유사하다. 귀천 고락과 시비 득실은 모두가 선악의 보(報)에서 오는 것이니 과거 · 내세를 모르기에 현재에 어두운 것이다. 어찌 이것이 불법과 같으랴."

라고 평하고,

"후학은 반드시 자연견의 외도에 동조하지 말라."

고 경고하고 있다. 또 도겐은 백장 선사(百丈禪師)의 불매 인과(不昧因果 ; 인과 역연)와 불락 인과(不落因果 ; 인과 초월)를 문제

삼아서

"선악의 인과로 하여금 수행케 한다."

"인과가 있으므로, 우리로 하여금 수행케 하는 것이다."

"불매(不昧)여야 하고, 불락(不落)이어야 한다."

고 하여 '불락 불매의 인과'라는 것을 주장하고, 인과의 수행이라는 것을 강조했다. 즉 인과 역연한 도리를 객관적으로 인식하고, 그렇게 객관적으로 인식하는 것이 주체적으로 인과를 초월하여, 인과를 규제하고 형성해 가는 것이 된다는 이론이다.

운명의 타개

여기서 주의해야 할 것은 불교의 업설(業說)이다. 업(karma)은 본래 행위라는 의미인데, 불교에서는 주체적 정신의 존중에서 쓰이던 것이며, 자기 책임을 강조한다는 뜻에서 자업자득(自業自得)이니 전업(前業)·선업(先業)이라는 것이 설해진 것이다. 그러던 것이 어느 때부터인지 차차 불교 외의 사상에서 생각된 업 사상, 즉 현재의 삶은 모두가 과거 내지 전세의 업의 결과이므로 어떻게도 할 수 없다는 식으로 불교도 그 일부에서는 업을 과거에만 중점을 두어 생각하는 숙명론(숙업)으로 떨어지게 되었다. 그러나 이와 같이 업을 과거에만 중점을 두어 생각하는 태도는 본래의 불교에서는 용인될 수 없는 것이어서, 불교에서는 그런 숙명론적 업 사상을 지닌 사상가들을 '숙작 외도(宿作外道)'라 불러 이미 준엄한 비판이 내려지고 있다. 현재로부터 미래를 향해 현실을 타개해 가는 원동력으로서 업을 미래적으로 보는 것, 그것이 불교 본래의 업 사상인 것이다.

이 점에 대해 역시 교진여품에 숙명적 업 사상에 관해서 말한 외도가 도마에 올라 붓다의 논란을 받고 있다. 그 외도의 설이라 하여

> "사람 중에는 악을 행하면서도 살림이 넉넉하여 자유로운 생활을 즐기고 있는 이도 있고, 선을 행하면서도 가난에 쪼들려 부자유한 생활을 하고 있는 이도 있다. 또 구하여도 얻지 못하는 사람이 있는가 하면, 구하지 않고도 저절로 필요한 것을 얻는 사람도 있다. 그리고 또 인자하여 살생을 하지 않는데도 요절하는 사람이 있는가 하면, 살생만 일삼고도 장수하는 사람도 있다. 같은 정행(淨行)을 닦고 노력 정진하여도 깨닫는 사람이 있는가 하면, 그렇지 못한 사람도 있다.
>
> 그러므로 일체 중생이 고락의 보(報)를 받음은 모두가 과거의 업의 인연 때문이라고 나는 설한다."

라는 구절이 소개되고 그것에 대해 붓다는

"그대가 그렇게 생각함은 알고 있는 듯하면서 사실은 모른다고 할 수밖에 없다. 우리 불법에서는 인(因)에서 과(果)를 아는 경우가 있고, 과에서 인을 아는 경우가 있다. 우리 불법에서는 과거업이 있고 현재업이 있다. 그러나 그대는 그렇지 않다. 오직 과거업이 있을 뿐 현재업은 없다. 그대의 법에서는 현재에서 방편을 다하여 과거의 업을 끊어 버린다는 일이 없다. 그러나 우리의 법에서는 방편을 다하여 그것을 끊어 버리는 것이다. 그대는 과거의 업이 저절로 다하기를 기다림으로써, 그것이 다하면 괴로움도 다한다고 생각한다. 나는 그렇지 않다. 번뇌가 다하고 나면, 업고(業苦)도 다한다고 설한다. 그러므로 나는 그대의 과거업의 견해를 책하는 바이다."

라고 반론하고 있다. 즉 불교에서는 번뇌를 없앤다는 따위의 주체적 · 적극적인 행위를 가지고 현실을 타개하여, 안락한 생활을 수립해 가려는 것이라고 하겠다.

그리고 앞에서 그 외도가 지적한 문제, 즉 현재에서 선인(善因)을 행해도 고과(苦果)를 받는 사람이 있고, 악인(惡因)을 행해도 낙과(樂果)를 받는 사람이 있다는 사실은 불교에서도 그 후 고심한 문제였다. 물론 불교에서는 선인 낙과(善因樂果) · 악인 고과(惡因苦果)를 설해 왔다. 그러나 현실적으로 흔히 악행을 하면서도 행복한 사람이 있고, 거꾸로 선행을 하면서도 불행한 사람이 있는 것이 사실이다. 앞에 나온 외도는 현재의 행 · 불행은 결국 과거나 전세의 업 때문이므로, 그것이 스러지기를 기다리지 않는 이상 어쩔 수 없다고 생각했다. 그러나 불교에서는 그 모순을 해결하려고 애쓴 결과, 선인 낙과 · 악인 고과임에는 틀림이 없지만, 다만 현재의 선이나 악이 금시에 결과로서 나타나지 않는 경우가 있어서 그 때문에 얼른 보기에 모순처럼 느껴지는 것이라고 설해지게 되었다. 그러나 그렇다면 선을 행하면서도 일생을 불행으로 끝마친 경우는 어째서 그러냐는 의문이 제기되기 마련이다. 그래서 그 결과는 이생에서 나타나지 않고 내세 또는 내내세에서 나타나는 경우도 있다는 식으로 이 어려운 문제를 해결하려 들기에 이르렀다.

그런데 불교에 나타난 이런 업 사상은 앞에 든 외도의 그것과 비길 때 현재에서 미래로 눈을 돌림으로써 미래적이라는 선은 유지되고 있다고 하려니와, 그러나 역시 업을 숙명적인 것으로 떨어뜨릴 위험성은 남아 있다고 보지 않을 수 없다. 이런 해석이 생겨난 것은 선인 낙과 · 악인 고과를 고정적 · 타율적으로 생각하여, 업을 어디까지나 개인과 결부시켜서 생각했기 때문인 것으로 여겨진다.

선인 낙과 · 악인 고과는 워낙 불교에서 하나의 요청으로 말미암아 설해졌다. 결국 선인은 낙과를 가져오고, 악인은 고과를 가져와야 할 터이며, 또 그렇게 되도록 노력하지 않으면 안 된다는 것이다. 그리고 선인(善因)이 낙과가 되지 않는 것, 이를테면 착하게 살면서도 불행하다는 것은 사회에 결함이 있는 경우가 많으므로, 착한 사람은 반드시 행복하게 살 수 있도록 사회를 만들어 가야 한다는 것이다. 업을 개인에만 한정하지 않고 사회적으로 생각한다는 것은 불교가 본래부터 지니고 있는 점이어서 '공업(共業)' 이라는 관념이 그것이라 하겠다. 교진여품에도

"일체 중생은 현재에 살면서 환경 · 시절 · 토지 · 인민에 의해 괴로움을 받기도 하고 즐거움을 받기도 한다. 그런 까닭에 나는 일체 중생은 반드시 철두철미 과거에 지은 본인의 업만에 의해 고락을 받는 것은 아니라고 설한다."

라는 붓다의 말씀이 보인다.

이제 이야기가 업의 문제에까지 진전했거니와 요컨대 아(我)든 불성이든 그것을 부동 · 고정의 것이라고 보지 않고, 현실 사회의 생성 · 발전과의 관련에서 포착해야 한다는 것이다. 바꾸어 말하면 현실에서의 이상의 실현, 현실 사회의 개선, 불국토 건설을 지향하여 나아가는 것이 된다 하겠다.

현실의 응용

현실의 철견(徹見)

불성은 개발되어야 할 것으로 존재하며, 그 개발이란 현실에 활현(活現)한다는 일이었다. 그리고 현실에 활현하기 위해서는 현실의 모습을 잘 투시하고 확인한 다음에 현실의 여러 상황에 자유롭게 대처함으로써, 거기에 알맞은 판단이 내려져야 하는 것이다. 즉 영원의 활현은 현실의 응용을 통해서 가능하다는 것, 바꾸어 말하면 영원의 활현이란 현실의 응용 그것이라는 것이다. 그래서 현실의 응용, 즉 현실의 여러 현상에 자유로이 대처하여 적절하게 판단하고 정확한 결정을 내려간다는 것이 문제가 되거니와, 그러기 위해서는 먼저 편벽됨이 없이 공평 무사하게 세상을 바라보고 잘 살펴 두어야 할 필요가 생긴다.

『열반경』 사자후보살품 제23에

"첫째는 수능엄 삼매(首楞儼三昧), 둘째는 반야 바라밀(般若波羅蜜), 셋째는 금강 삼매(金剛三昧), 넷째는 사자후 삼매(獅子吼三昧), 다섯째는 불성이다. 그 하는 바에 따라 곳곳에서 이름이 생기는 것이다."

라고 하여 불성은 그 경우에 따라 수능엄 삼매 · 금강 삼매 · 반야 바라밀(지혜 삼매) · 사자후 삼매 따위의 이름이 붙게 된다는 것을 설명하고 있다. 또 교진여품 제25에는 허공 삼매(虛空三昧) · 광대 삼매(廣大三昧) · 평등 삼매(平等三昧) 따위의 이름이 나온다. 수능엄 삼매란 슈람가마 사마디(śūraṃgama-samādhi)의 음사인데, 번뇌를 정복한 경지를 이름이요, 금강 삼매는 번뇌를 부수는 것이 금강 같은 경지를 말함이며, 그것은 집착을 떠난 광대무변한 경지인 까닭에 허공 삼매니 광대 삼매라고도 일컬어지고, 또 편벽됨이 없이 평등 무사하게 세상을 바라보는 것이라 하여 평등 삼매라고도 불린다.

"이 평등 삼매는 또 대자 대비라고도 부른다." (교진여품)

라고 설해지는 것처럼, 이것은 친분과 원한을 넘어선 평등한 자비의 경지이다. 반야 바라밀이란 프라주냐 파라미타(prajñā-pāramitā)의 음사로서 지혜가 빛나는 경지를 가리킨 것이니, 집착을 떠난 경지로부터 지혜로 세상을 관찰하여 적절한 판단을 내린다는 뜻이요, 사자후 삼매란 다시 거기에서 사자후같이 용맹하게 두려움 없이 사도(邪道)를 척결하여 정도(正道)를 설해 주는 것을 의미한다.

금강 삼매에 대해서 보면 광명변조고귀덕왕보살품 제22에

"금강 삼매에 안주(安住)하면, 일체 법을 보는 데 장애됨이 없다."

고 설해지고

"이를테면 어떤 사람이 길목에 앉아서 사람들의 내왕 · 좌와(坐臥)를 보는 것과 같이 금강 삼매도 또한 이처럼 일체 법의 생멸 · 출몰을 보는 것이다. 이를테면 어떤 사람이 높은 산에 올라가 먼 여러 곳을 조망하매 모두 손에 잡히는 듯이 보이는 것처럼 금강 삼매의 산도 또한 이와 같다. 보살이 여기에 올라가 제법(諸法)을 바라보면 밝게 보이지 않는 것이 없다."

고 찬미하였다. 금강 삼매는 이와 같이 현실의 여러 모습에 치우침이 없이 널리 관찰하므로 어느 하나에 얽매이지 않는다는 것, 즉 제상(諸相)의 초월이 근본으로 되고 있기에

"이와 같은 삼매에 안주하여 중생을 본다 해도 중생의 상(相)

이 없고, 남녀를 본다 해도 남녀의 상이 없고, 마음을 본다 해도 마음의 상이 없고, 물건을 본다 해도 물건의 상이 없고, 주야를 본다 해도 주야의 상이 없고, 일체를 본다 해도 일체의 상이 없다." (同上)

고 설해지게 된다. 여래성품(如來性品) 제12에서는 이것을 해탈이라 일컬어 여래의 경지라 보고

"진정한 해탈이란 불생 불멸이다. 그러므로 해탈은 곧 여래이다."

라는 따위의 논리로 해탈 · 여래에 불생 불멸이라든지 적정(寂靜) · 불공공(不空空) · 공불공(空不空) · 허공 · 광대 · 평등 · 순일 무이(純一無二) 등을 배당하고, 또

"해탈이란 온갖 탐욕을 끊고 일체의 상(相) · 일체의 집착 · 일체의 번뇌 · 일체의 생사 · 일체의 인연 · 일체의 과보(果報)를 끊는 일이다. 이와 같은 해탈이 곧 여래이다. 여래는 곧 열반이다."

라고 맺어서 그것이 결국 불성임을 말했다.

그러나 금강 삼매에서의 현실 초월은 초월을 위한 초월이 아니라, 현실의 여러 모습을 집착 없는 눈으로 투시하여 적절한 판

단과 조치를 취하기 위한 것이다. 보살행으로서의 금강 삼매가 설해지는 까닭이다. 보살이란 보디사트바(bodhisattva)의 음사인 보리살타의 약칭인데, 깨달음(bodhi)을 가진 사람들(sattva)이라는 말이어서, 깨달음(佛性)의 현실화를 위해 애쓰는 이를 가리킨다. 이런 보살의 특성에 대하여

"보살은 깊이 생사의 죄과(罪過) 많음을 알고 열반의 공덕이 큼을 관찰하여, 중생을 위해 생사중에 있으면서 가지가지 고통을 받으면서도 마음에 퇴전(退轉)[5]함이 없다. 이를 보살의 불가사의라고 부른다.

다음으로 보살은 인연이 없는데도 연민의 마음을 일으킨다. 즉 사실상 은혜를 받은 것이 없는데도 은혜를 베풀고, 은혜를 베풀어도 보수를 바라지 않는다. 그러므로 또한 불가사의라고 일컫는다.

다음으로 중생은 자신의 이익을 위해 고행을 행하지만, 보살은 남을 이롭게 하기 위해서 고행을 행하며, 그것을 자리(自利)인 듯이 안다. 그러므로 또한 불가사의라고 일컫는다.

다음으로 보살은 여러 가지 악행을 일삼는 중생을 보고, 어떤 때는 꾸짖고, 어떤 때는 온화하게 타이르고, 어떤 때는 내쫓고, 어떤 때는 악인의 마음이 되고, 또 오만한 이에게는 자신도 오만하게 하여 보인다. 그러면서도 실제로는 내심으로 조금의 오

5) 어떤 경지에서 더 못한 자리로 떨어짐.

만도 지니는 일이 없다. 이것을 보살의 방편 불가사의라고 일컫는다." (獅子吼菩薩品)

라고 해설되어 있다. 보살행이란 현실의 여러 모습을 잘 관찰하여 살릴 만한 것은 살리고, 고쳐야 될 것은 고치게 하고, 또 그 수단도 일률적이 아니어서 시기 · 상황에 따라 적절한 방편을 사용함을 말한다.

그러기에

"일만 보살이 있어서 이와 같은 금강 삼매에 안주한다면, 일념(순간) 중에 몸을 나타냄이 부처 모양으로 무수하여 시방 세계에 충만한다." (고귀덕왕보살품)

라든지

"중생의 상태를 보아 그 사람의 기근(機根)의 대소를 알고, 한 번 그 모습에 접촉한 것뿐으로 능히 선악과 제근(諸根)[6]의 차별상을 살핀다." (고귀덕왕보살품)

라고 설해지는 것이다.

6) 여러 근기(根機). 또는 여러 감각 기관.

자재한 활동

영원의 활현(活現) · 현실의 활용을 위해서는 한 군데에 얽매여 있어서는 안 된다. 그런 의미에서 심경이 자유로워야 한다. 또 활동이 자재로워야 한다. 현실은 갖가지 사물 · 사건이 끝없이 있고, 또 생겨나는 세계인 까닭이다. 그런 하나하나에 적절하고 민첩하게 대처할 수 있기 위해서는 먼저 넓고 높은 데서 바라볼 수 있어야 하며, 그것은 다름 아닌 자유의 확보라고 생각된다.

앞에서 언급한 바와 같이, 불교에서는 숙명론적인 의미에서 자연설에 대해서는 강한 비판을 가했거니와, 자유라는 뜻에서의 '자연' 이라는 말은 자주 사용해 왔다. 그것과 관련하여 자연 법이(自然法爾) 또는 법이 자연(法爾自然)이라든지 법이 도리(法爾道理) 또는 생략하여 '법연(法然)' 이라는 말도 생겨났다. 이를테면 일본에 와서 '천태 본각 사상' 의 책이 된 『연화삼매경』에

"온갖 삼매는 인과를 멀리 떠나 법연(法然)으로서 갖추어져 있다."

고 설해지고, 같은 경향의 책인 『마쿠라노소시』에도 '법이 자연' 이니 '도리 법이 법연' 이니 하는 말이 보인다. 정토종의 개조(開祖)인 호넨(法然, 1133~1212)도 '법이 도리' 라는 말을 썼으며, 그의 이름에 대해

"이는 법연 도리의 성인이라 하여, 법연으로 이름을 삼은 것이다."

라고 설명되어 있다. 또 신란(親鸞)은 유명한 『자연 법이장(自然法爾章)』이라는 저서가 있다.

불교에서는 이와 같이 자연이라는 말을 사용하고, 또 한편으로는 자연설을 부정도 하고 있기 때문에 한때 혼란이 빚어진 듯, 『수능엄경』 제2에서는 저 외도도 자연을 설하고 우리 쪽에서도 자연을 말하니, 양자에는 어떤 차이가 있느냐는 질문이 제기되고 있다. 천태 대사 같은 이는

"만일 자연 법이의 작자가 없다고 한다면, 이는 무인연의 생이다. 이것은 인(因)을 깨고 과(果)를 깨지 못한 것이 된다."

(法華玄義)

라고 하여 '자연 법이'를 무인 유과론(無因有果論)인 자연 외도의 설이라 해석하여 부정하고 있다. 그러나 전반적으로 볼 때, 불교에서 말하는 자연이라는 말은 현실이 우리 힘으로 어떻게도 할 수 없는 것이고 그 추이에 따를 수밖에 없다는 그런 의미가 아니라, 인과 초월의 자유를 강조한 것이라고 여겨진다. 즉 현실의 복잡한 인과 생성 내지 그 관계에 말려들어 혼돈한 것이 되지 않고 높은 입장에 서서 전체적으로 널리 바라봄을 말한 것이며, 그리하여 거기서부터 거꾸로 인과를 규제하고 바른 방향으로 형

성해 간다는 그런 자재한 활동이 발휘되기에 이르는 것이다. 자연을 무애 자재(無礙自在)라고 말하는 까닭이 여기에 있다.

자재의 활동에 대해서는 『열반경』 고귀덕왕품에

"이승(二乘)이 행하는 신통 변화는 한 마음으로 하나를 행할 뿐 많은 것을 행하지 못한다. 보살은 그렇지 않다. 한 마음 속에 능력이 갖추어져 있으며, 갖가지 몸을 나타낸다. 그 까닭은 무엇이냐 하면, 대열반경의 위신력(威神力)을 획득하고 있기 때문이다. 이른바 몸에 자재를 얻고, 마음에 자재를 얻고 있다.

일체의 범부의 몸과 마음은 자재를 얻고 있지 못하다. 마음이 몸을 따르고, 몸이 마음을 따르고 있는 것이다. 마음이 몸을 따른다 함은 이를테면 술에 취한 사람의 경우에 몸이 움직이면 마음도 따라서 움직이고, 몸이 나른하면 마음도 역시 나른해지는 것과 같다. 어린애의 몸이 작기에 그 마음도 따라서 작고, 어른이 되어 몸이 커지면 마음도 또한 커지는 것과 같다. 몸이 마음을 따른다 함은 이를테면 고민하는 사람은 몸도 따라 쇠하고, 기쁨에 넘치는 사람은 몸도 건강한 것과 같다. 마음에 두려움을 지닐 때에는 몸이 떨고, 슬픔에 잠긴 사람은 눈물을 흘리는 것과 같다.

보살은 그렇지 않다. 몸과 마음이 아울러 자재롭다."

라고 하여 보살은 신심이 함께 현실의 여러 일에 대해서 자재로움을 강조하고 있다. 곁들여 말한다면, 이승이란 성문(聲聞) ·

연각(緣覺)을 가리킨다. 성문이란 붓다의 가르침을 귀로 듣고 깨달음으로 나아가는 사람, 연각이란 꽃이 지고 잎이 떨어지는 따위의 무상한 자연 현상을 연(緣)으로 하여 저 혼자 깨닫는 사람인데, 전반적으로는 소승 불교도의 태도를 나타낸 말로 되어 있다. 그것은 앞에서도 언급한 바와 같이, 무상한 인생으로부터의 이탈을 궁극의 깨달음이라 생각하여 인생을 포기하고, 불이(不二) 절대의 영원한 진리를 이이(而二) 상대에 살리는 곳에 진정한 깨달음이 있음을 망각한 것이라 하여 대승 불교로부터 강한 비판을 받았다. 그에 대해서 대승 불교는 현실에서의 진리 실현을 임무로 삼는 보살을 자기의 입장으로 하여 높이 표방하고 나섰다.

고귀덕왕보살품은 보살의 자재한 활동에 관해서, 계속하여 다음과 같이 설했다.

"보살의 몸 모양은 마치 미진(微塵)과 같다. 이 작은 몸을 가지고 널리 무량 무변의 세계에 이르러 장애가 없고, 그러면서도 마음은 항상 확고하여 동요함이 없다. 이것을 마음이 몸에 따르지 않음이라 부른다.

성문 · 연각은 신통력을 발휘한대도 몸을 미진처럼 변화시켜두루 무량의 세계에 이를 수는 없다. 성문 · 연각은 몸이 만약 움직일 때는 마음도 또한 따라서 움직인다. 보살은 그렇지 않다. 마음이 움직이지 않는다 해도 몸이 이르지 않는 곳이 없다. 이것을 보살의 마음은 몸을 따르지 않는 것이라 부른다.

또 다음으로 보살은 몸을 나타내어 삼천 대천 세계와 같이 하여 이 큰 몸으로 한 티끌 같은 작은 몸 속에 들어간대도 그 마음은 결코 작아지는 일이 없다.

성문 · 연각은 비록 몸을 나타내어 삼천 대천 세계와 같이 만든다 해도 이런 큰 몸을 가지고 미진 같은 몸 속에 들어가지는 못한다. 하물며 마음을 동요시키지 않는다는 것은 바랄 수 없다. 보살은 마음이 몸에 따르지 않는다."

즉 보살은 삼천 대천 세계라는 극대의 세계에서 미진이라는 극소의 세계에 이르기까지 이르지 않는 곳이 없는 것이다. 바꾸어 말하면 거시적으로 전체를 부감하는 동시에, 미시적으로 어느 부분만 적확한 분석을 가하여 그 특수성에 따라서 적절한 조처를 내리는 것이다. 현실의 잡다 · 복잡한 여러 일에 자재로이 대응해 가고, 그러면서도 마음이 동요됨이 없고 얽매이지 않는다는 것이다.

이에 대해서 현실 이탈을 목적으로 하고 거기에 안주하는 이승들은 그 초월적 입장으로부터 거시적으로 전체를 내려다볼 수 있다 해도 현실의 여러 가지 상황에 대응할 수는 없으며, 현실에서의 마음의 훈련이 이루어져 있지 않으므로 현실에 돌아오는 경우 마음에 집착이 생기게 되고, 때로는 현실 속에서 허덕이게 되어 단련된 여느 사람보다도 곤경에 빠지는 수도 있는 것이다.

상황의 적응

고귀덕왕보살품은 보살에 대해서 다시 설명해 갔다.

"범부는 몸과 마음이 서로 따르지만, 보살은 그렇지 않다. 중생을 교화하기 위해 작은 몸을 나타내어도 마음은 작아지지 않는다. 왜냐하면 여러 보살들의 마음은 항상 광대하기 때문이다. 큰 몸을 나타내는 경우에도 마음은 커지지 않는다. 왜 큰 몸이 되는가. 몸은 삼천 대천 세계 같은 것이기 때문이다. 왜 작은 마음을 유지하는가. 영아행(嬰兒行)을 행하기 위함이다. 이런 까닭에 마음이 몸을 따르지 않는 것이다.

보살은 이미 술을 멀리하여 마시지 않지만, 그러면서도 마음은 움직인다. 마음에 슬픔이 없으면서도 몸은 눈물 짓고, 사실은 공포가 없으면서도 몸은 전율한다. 그러므로 마땅히 알라, 보살은 심신이 아울러 자재하여 서로 따르지 않음을. 보살은 다만 한몸을 나타낸 것뿐이건만 온갖 중생들은 각기 다른 모습을 보게 되는 것이다."

이 글에서 '영아행'이라는 말은 영아행품이라는 독립된 장까지 있을 정도로 중요한 개념이며, 뒤에서도 언급할 기회가 있으려니와, 요는 마음이 작기가 어린애 같은 사람에 대해 정면에서 꾸짖든지 교훈을 주는 대신 같이 그 사람의 입장에 서서 그 호소에 귀를 기울인다는 뜻이다. 술을 마시지는 않지만, 마음이 움직인다는 것은 스스로 술을 먹고 싶은 생각은 없어졌어도, 목석처럼 되어 버린 것은 아니어서 술로 울적한 심사를 풀려는 기분은 충분히 이해한다는 뜻이다. 슬픔이 없으면서 눈물 짓고, 공포가 없으면서 전율한다는 것은 마음에 집착이 없건만 다른 사람들의 슬픔 · 괴로움 · 두려움을 자기의 것인 듯 공감한다는 말이다.

붓다의 자비란 바로 이를 가리키며, 이것이야말로 보살행임에 틀림없다. 가섭보살품 24에

> "일체 중생이 여러 가지 고통을 각기 받는 것은 모두가 여래 한 분의 고통이 된다."

는 말씀이 있다. 붓다나 보살은 중생의 슬픔이나 괴로움에 대해 방관적인 처지에서 동정하는 것이 아니라, 스스로도 함께 슬퍼하고 괴로워하는 것이다. 그러므로 몸으로 느끼는 것(體感)이 강조된 것이다. 이미 『유마경』 문질품 제5에 재가 보살인 유마의 병에 대해

> "일체 중생이 앓고 있기에 나도 앓는다. 만약 일체 중생의 병이 낫는다면 내 병도 없어지리라. 왜냐하면 보살은 중생을 건지기 위하여 생사 속에 뛰어드는 것인바, 생사가 있으면 병이 있기 마련이요, 중생이 병에서 떠날 때는 보살에게서도 병이 없어질 것이기 때문이다. 이를테면 자식이 병들면 부모도 또한 병들고, 자식의 병이 나으면 부모도 또한 낫는 것과 같다.

보살도 이와 같다. 일체 중생을 사랑함이 자식을 대함과 같아서, 중생이 병들 때는 보살도 병들고, 중생의 병이 나으면 보살도 또한 낫는 것이다."

라고 서술한 대목이 있다. 그리고

"보살의 병은 대비(大悲) 때문에 일어난다."

고 하여 '대비 수고(大悲受苦)' 내지 '대비 보살(大悲菩薩)'의 개념이 강조되었다.

이 유마의 병은 실제로는 병들어 있는 것이 아니라, 마음으로 중생의 병을 관찰하고 있는가 아니면 사실상 앓고 있는가, 즉 가병(假病)이냐 실병(實病)이냐 하는 것, 고(苦) 일반에 대해서 말한다면 보살의 수고(受苦)는 가고(假苦)냐 실고(實苦)냐 하는 일이 뒤에 와서 문제되었거니와, 그것이 단순한 방관적 동정·연민이 아니라는 점에서 볼 때는 실병·실고라고 보는 편이 적절하다고 생각된다. 그리고 마음속에서는 집착을 떠나고 초월하고 있다는 설명이 가해졌다. 앞에서 든 『열반경』의 "마음에는 슬픔이나 괴로움이 없으면서도 몸은 눈물짓는다."는 말이 그것이다. 이것이 음주의 경우는 반대로 몸은 마시지 않지만 마음은 마시고 있다는 것이 된다.

이와 같이 보살은 "온갖 중생을 위해 생사 속에 있으면서 온갖 고통을 받는"(사자후보살품) 것이며, "자재지(自在智)를 얻어 사람들이 바라는 데 따라 갖가지 모습을 나타내는"(사의품) 것이다. 그리고 여기에서 우리가 현실에 생을 받고 태어난 이유 · 의미 · 목적 내지는 책임이 발견되는 것이다. 우리는 이러한 보살행을 닦기 위해 이 세상에 태어난 것이 된다. 『법화경』에서도 이것을 강조하여 "중생을 가엾이 아는 까닭에 정토를 버리고 여기에 태어났다."(법사품)고 설했으며, 그런 보살행을 얼마간이라도 닦는 사람은 '여래사(如來使)'로서 부처님으로부터 파견된 것이라고 칭찬했다. 분별 공덕품 · 수희 공덕품 · 법사 공덕품 같은 데서는 그 공덕은 공(空) · 무상(無相)에만 빠져 현실 이탈을 목표로 수행하는 이승의 공덕에 비길 때 백천만 배나 뛰어난 것이라고 말했다.

이것을 불이(不二) · 공의 영원 절대의 진리에 대해서 말한다면, 그것은 이이(而二) · 불공(不空)의 상대 차별의 현실에 살려질 때 비로소 의미를 가진다는 것이어서, 그런 까닭에 차별적인 현실상에 주목하여 잘 관찰하고 그것을 활용해야 한다고 역설하게 되는 것이다. 따라서 여기서는 현실이 차별상을 버리는 것이 오히려 잘못이며, 마설(魔說)이라고 지적되었다. 『열반경』에

> "마(魔)는 중생을 교화하지 않고 묵연(默然)히 있는 것을 열반이라 생각한다. 그는 말하지 않고 이야기하지 않고, 죽은 것처럼 되는 것을 열반이라 보아, 여래가 열반에 드셨다는 것도 그렇게 여긴다. 그러나 현실의 차별상을 버리고 침묵한 채 말하지 않는 것이 열반일 수는 없다. 여래는 불 · 법 · 승의 세계에

차별상이 없다고는 말씀하지 않았으며, 열반 · 실상(實相)에 차별상이 없다고는 설하신 바 없다." (고귀덕왕보살품)

고 했으며, 보살은 "대열반을 닦음으로써 갖가지 차별상을 안다."고 하고 "선악 · 제근(諸根)의 차별상을 이해한다."고 했다. 『유마경』에도 유마 거사의 말이라 하여

"몸이 무상함을 설하면서도, 몸을 싫어하여 떠날 것을 설해서는 안 된다. 몸에 괴로움이 있음을 설하면서도, 열반을 추구하도록 설해서는 안 된다. 몸이 무아(無我)임을 설하면서도, 중생을 인도해야 할 것을 설해야 한다. 몸이 공적(空寂)함을 설하면서도, 필경 적멸(畢竟寂滅)[7]을 설해서는 안 된다. 전죄를 뉘우쳐야 한다고 설하면서도, 그것이 시일이 지나 소멸했다고 설해서는 안 된다."

고 나타나 있다. 정토 경전의 하나인 『무량수경』에도 아름다운 국토의 건설에 힘쓰는 법장 보살이 그것을 위해 마흔 여덟 가지의 대원을 세워서, 모든 사람이 행복해지기까지는 자기는 부처가 되지 않겠다고 맹세했다는 이야기가 나와 있다. 이것들은 유위(有爲) · 차별의 현실을 버리고 무위(無爲) · 무차별의 열반(영원)에 드는 것이 목적이 아니었음을 말해 주고 있다고 하겠다.

---

7) 모든 정신적 · 육체적 작용이 끊어진 것을 열반이라 생각하는 소승의 견해.

차별의 운용

차별의 인식

그런데 영원의 진리를 다양한 현실상 속에서 살린다는 것은 현실의 다양한 차별상을 잘 인식하여 그 갖가지 특수성에 응해서 영원의 진리를 전개시켜 간다는 것이 된다. 바꾸어 말하면, 영원의 진리를 일의적(一義的)으로 고정시켜 그것을 일률적으로 적용하려는 것은 현실의 차별상을 모르는 사람이 하는 짓이고, 또 그래 가지고는 진리를 현실에 살릴 수 없다는 말이다. 그래서 현실의 차별상의 인식 즉 차별지(差別智)를 획득하는 것과 차별상에 응한 진리의 전개 즉 방편 설법(方便說法)이 강조되기에 이르렀다.

불교 일반에서는 미혹을 표면적인 것과 근원적인 것으로 나누어 '견사혹(見思惑)' 과 '무명혹(無明惑)' 의 둘을 세웠다. 견사혹이란 견혹과 사혹을 아우른 것이어서, 견혹은 이론으로 불식할 수 있는 후천적인 번뇌이며, 사혹은 이치로는 알고 있어도 실제로는 고치기 어려운 선천적 · 신체적인 번뇌인 데 대해, 무명혹이란 그런 번뇌들이 일어나는 근원을 가리킨 것이다. 그러나 현실의 차별상의 인식이라는 데에 중점을 두면, 그 인식의 결여도 또 하나의 번뇌로서 문제가 될 수 있다. 그래서 천태 대사는 그것을 '진사혹(塵沙惑)' 이라 했다. 즉 티끌이나 모래와 같이 무수한 현실의 사건과 현상에 대해서, 그때마다 정확히 판단하고 대처하는 능력이 없음을 지적한 말이다. 이것은 현실 교화의 장애가 되는 것이므로 '화도장혹(化道障惑)' 이라고도 일컫는다. 이러하여 이것까지 넣으면 견사 · 진사 · 무명의 삼혹(三惑)이 되는 것이다.

그리고 견사혹을 불식한다 함은 일체 사물의 불이(不二) · 공(空)인 본성을 아는 것이어서, 이 불이 · 공의 본성을 아는 것을 일체지(一切智 ; 평등지)라 일컫는다. 진사혹을 제거한다 함은 이이(而二) · 가(假)인 현실상을 안다는 것이 되는데, 이것을 도종지(道種智 ; 차별지)라 일컫는다. 또 무명혹을 없앤다는 것은 평등과 차별, 공과 가, 불이(不二)와 이(二)의 어느 한쪽으로도 떨어짐이 없이 양자 상즉(相卽)의 전체적 · 종합적 지혜를 파악하는 것이어서, 이것을 일체 종지(一切種智 ; 중도지)라고 부른다. 천태 대사는 『법화현의(法華玄義)』에서

"견사의 번뇌를 깨기 때문에 진제 삼매(眞諦三昧)가 생기며, 진사의 번뇌를 깨기 때문에 속제 삼매(俗諦三昧)가 생기고, 무명의 번뇌를 깨기 때문에 중도왕 삼매(中道王三昧)가 생긴다."

"일체지의 빛을 닦아 견사의 어둠을 깨고, 도종지의 빛을 닦아 진사의 어둠을 깨며, 일체 종지의 빛을 닦아 무명의 어둠을 깬다."

라고 설하고, 공(空)·가(假)·중(中)·무생(無生)·무량(無量)·무작(無作)에 적용해서는

"입공(入空)의 기틀이 있으면, 생무 생혜(生無生慧)의 자비로 이에 응하여, 유(有)를 나가 무(無)를 얻게 하여 진제 삼매가 이루어진다.

입가(入假)의 기틀이 있으면, 무량혜(無量慧)의 자비로 이에 응하여 공(空)을 면하고 가를 얻게 함으로써 속제 삼매가 이루어진다.

입중(入中)의 기틀이 있으면, 무작혜(無作慧)의 자비로 이에 응하여, 변(邊)을 나가 중(中)으로 들어가게 함으로써 왕 삼매(王三昧)가 이루어진다."

고 말하고 있다.

세상의 헤아릴 수 없는 현상·사건에 대해서 하나하나 적절한

판단과 조처를 내릴 수 있는 능력, 즉 도종지 · 무량혜를 체득하는 것에 의해 진사혹이 불식된다. 거꾸로 말하자면 진사혹이 불식되는 까닭에 바르게 세상을 살아가고, 살려 갈 수가 있는 것이다. 이것을 앞에 나온 삼관(三觀)에 적용하면 입가관(入假觀)이 된다. 물론 이것이 세속적인 집착에 떨어지지 않기 위해서는 일체지 · 무생혜 · 입공관(入空觀)을 닦아서 견사혹을 없애야 하고, 다시 양자의 종합으로서의 일체 종지 · 무작지 · 입중관(入中觀)이 닦여져서 무명혹이 제거되어 있지 않고는 근본적으로 바른 관찰 · 바른 생활 방식을 획득한 것이 되지 못하기에, 그 때문에 삼혹 · 삼지 · 삼혜 · 삼관이 설해지기에 이른다. 그러나 여기서 주목해야 할 점은 진사혹을 불식하는 것과 도종지 · 무량혜를 체득하는 것과 입가관을 닦는 일이 보살행으로서 특히 강조되었다는 사실이다. 그리고 그것을 통해서 속제 삼매가 달성된다는 것, 즉 현실이 바르게 살려진다는 것이 설해졌다는 사실이다.

앞에 든 『유마경』 문질품 5에서도

"세속에서 멀어지기를 원하면서도 몸과 마음이 적멸로 돌아가기를 바라지 않는 것, 이것이 보살행이다."

"공(空)을 행하면서도 여러 가지 덕을 구하는 것, 이것이 보살행이다."

"무상(無相)을 행하면서도 중생을 구하는 것, 이것이 보살행이다."

"무작(無作)[8]을 행하면서도 몸을 나타내는 것, 이것이 보살행이다."

"제법(諸法)의 불생 불멸을 행하면서도 뛰어난 모습으로 그 몸을 장엄하는 것, 이것이 보살행이다."

"국토의 영적(永寂) · 여공(如空)함을 알면서도 갖가지 청정한 불국토를 나타내게 하는 것, 이것이 보살행이다."

"불도를 얻어 법을 설하고 열반에 들어갔으면서도 보살도를 버리지 않는 것, 이것이 보살행이다."

등등의 말이 나오며, 『법화경』 여래수량품(如來壽量品) 16에서는

"나는 구원(久遠)의 옛날에 성불했으며, 그 수명은 무량하여서 상주 불멸이다."

라고 설하면서

---

8) 무위. 열반의 딴 이름.

"옛날부터 지금에 이르기까지의 내 보살행의 수명은 현재에도 다함이 없다."

라고 하였다. 그리고 이 구원의 보살 행자로서의 구원의 붓다는 중생을 구제하기 위하여 자기 몸을 보이고, 혹은 자기 일을 보이고, 혹은 다른 일을 보이는 것이며, 여러 중생에게 갖가지 성질 · 갖가지 욕망 · 갖가지 행위 · 갖가지 사상이 있는 까닭에 그들에게 선근(善根)을 일으키게 하기 위하여 갖가지 인연 · 비유 · 언설로써 갖가지 모양으로 법을 설하는 것이다. 이것이 방편 교화(方便教化)이다.

현실의 여러 모습을 인식하여 각각 그것에 즉응(卽應)한 방편 교화가 이루어지지 않는다면 이것은 하나의 집착이요, 그것이 이루어진다면 이것이 깨달음이다. 『유마경』 문질품 5에

"선미(禪味)에 탐착함은 보살의 속박이다. 방편을 가지고 유(有)의 세계에 들어감은 보살의 해탈이다."

"방편 없는 지혜는 속박이요, 방편 있는 지혜는 해탈이다."

라고 설해져 있다. 선미에 탐착한다 함은 공(空) · 무상(無相)의 경지에 침잠하는 것을 깨달음이라고 생각하는 것인바, 그것은 집착이라는 것이다. 물론 방편을 갖추어 현실 속에 뛰어들어서 시대 · 기근(機根) 내지 사회 · 국가의 상황에 응하여 어느 하나

를 선택한다 해도 그 하나가 고정적 · 집착적으로 주장되어서는 안 되는 것이므로, 그런 의미에서는 전체적 · 종합적으로 바라볼 수 있는 무집착 · 중도의 지혜라는 것이 항상 배후에 간직되어 있을 필요가 있다. 그런 점에서 "지혜 없는 방편은 속박이요, 지혜 있는 방편은 해탈이다."라고 설해지는 것이다.

세상에는 여러 가지 주의 · 주장이 있고 이데올로기가 있다. 그 대부분은 고정화하고, 고집으로 바뀌고, 대립을 위한 대립을 낳고, 투쟁을 위한 투쟁이 되고, 그 중에는 민중 해방이라는 미명을 내세우면서 결국은 권력 싸움에 몰두하는 것조차 있다. 그래서 불교에서는 그런 집착이 불식되지 않는 한, 어떤 이데올로기에도 찬성할 수 없다고 생각하는 것이다. 그리고 현재의 한 시점에서만이 아니라 과거 · 현재 · 미래에 걸쳐서, 또 부분적으로서가 아니라 전체적으로 널리 부감하고 바라볼 것을 주장하는 것이다.

그러나 그렇다고 해서 현실의 여러 가지 상황에 무관심해지고, 어떤 이데올로기에 대해서도 방관적이 되어도 좋다는 뜻은 아니다. 이것은 불교가 흔히 오해받는 점이며, 불교도 중에도 그렇게 오해하는 사람들이 적지 않다. 더욱이 중도를 잘못 해석함으로써 비판 · 저항의 정신을 망각하여, 도리어 그 시대의 권력층에 끌려 다니는 결과를 가져 온 사람들도 있다. 본래의 중도지(中道智)란 그렇게 방관적 태도를 취하는 것일 수도 없고, 권력에 끌려 다니는 것일 수도 없으며, 또 양자를 절충한 태도를 말함도 아니다. 현실의 상황을 한 각도에서가 아니라 모든 각도로부터 상황 자체에 상즉(相卽)하여 파악하고, 그 다음에 이 시기 · 이 사회 · 이 국가에 적합한 사상이나 이데올로기를 선택하는 일이다.

그런 점에서 볼 때, 불교는 공리 · 공론을 일삼는 종교가 아니라 극히 현실주의적이며, 그것도 현실 타협적인 것이 아니고 현실 개혁적인 가르침이라 하겠다. 앞에서도 언급했듯이 유교 같은 데에서는 현세(現世)만을 다루는 데 대해 불교는 3세에 걸쳐서 고찰을 한다. 이것은 결국 시대 · 역사의 추이 · 환경 · 상황의 변화 같은 것을 잘 관찰하여 현실의 실정을 무시한 일원론적인 주장에 얽매임이 없이 그것에 적합한 발언이나 행동을 취한다는 일이다. 이것이야말로 현실과 타협하는 것도 아니요, 현실로부터 유리되는 것도 아니면서 현실을 바르게 이끌어 가는 예지의 작용이다. 이것이 진정한 '대기 방편(對機方便)' 이며, 보살의 방편행(方便行)이다. 『열반경』은 특히 이 점을 강조하여, 구체적인 보기를 들어 가면서 그것을 밝히고자 애썼다.

방편의 설정

영원의 진리가 다양한 현실에 즉응하여 갖가지 모습으로 나타난다는 것에 대해서는 『법화경』 서품(序品) 1에 '무량의(無量義)' 라는 말이 나온다. 그것을 받아서 『법화경』의 서론격으로 작성된 '무량의경' 에는

"성욕(性慾)[9]이 무량한 까닭에 설법도 무량하며, 설법이 무량한 까닭에 의(義)[10]도 또한 무량하다. 무량의는 한 법에서 생기며, 그 한 법이란 즉 무상(無相)이다."

"일체 중생의 성욕이 같지 않음을 아나니, 성욕이 같지 않기에 여러 가지로 법을 설하는 것이다. 여러 가지로 법을 설함은 방편력으로써 가능하다."

"한 법에서 백천의 의(義)가 생기고, 백천의 의로부터 그 하나하나마다 또 백천만의 의가 생기고, 이와 같이 전전하여 무량무변의 의가 된다. 그러므로 이 경을 무량의라고 부르는 것이다."

라는 따위로 설해져 있다.

『법화경』 약초유품(藥草喩品) 5에서는

"여래는 이것이 일상(一相) · 일미(一味)의 법임을 안다. 이른바 해탈상 · 이상(離相) · 멸상(滅相) · 구경 열반(究竟涅槃) · 상적멸상(常寂滅相)이 마침내는 공(空)으로 돌아가는 것이다. 부처는 이것을 아시건마는 중생의 의향을 소중히 여겨 일체 종지를 설하지 않는 것이다."

9) 성향과 욕망.

10) 도리.

라고 하여 현실 차별상을 중시하여, 중도의 일체 종지보다 차별상에 즉응하는 지혜 쪽에 중점을 두었다. 그리고

"경우에 응하고 능력을 좇아, 갖가지 도리를 써서 바른 견해를 얻게 한다."

라든지

"여러 가지 인연과 갖가지 비유로써 불도를 나타내 보이나니, 이것이 내 방편이다."

라는 따위의 말로 사람들의 성향과 욕망이 가지가지이기 때문에, 영원의 진리도 갖가지 방편설을 통하여 제시됨을 말하고 있다. 또 여래신력품(如來神力品) 21에서는 갖가지 의(義) · 명자(名字) · 언설(言說)을 가지고 자유 자재로 설법함이 마치 바람이 공중에서 아무 장애도 받지 않음과 같아 '인연과 경우를 따라, 의에 따라' 진실을 설하여 나타내는 것이며, 이것에 의해서 일월의 광명이 비치는 것과 같이 사람들의 마음에 깃든 어둠을 박멸하는 것이라고 강조하였다.

『법화경』은 전반적으로 보아, 우주의 통일적 진리(妙法)를 밝히는 것이라고 생각된다. 그렇기 때문에 만선 동귀교(萬善同歸敎)니 평등 · 대해의 일승경(一乘經)이라는 평가를 받아, 중국의 천태 대사 지의와 일본의 전교 대사 사이초(最澄) 및 니치렌(日

蓮)이 다 같이 통일 불교의 수립이라는 의도에서 『법화경』을 소의 경전으로 삼았다. 그러나 니치렌의 경우는 그의 유배(流配) 사건을 전후해서 현실에 대해 대결적인 태도로 바뀌어 갔고, 역사 변혁 · 사회 개조의 의식이 높아져서 그 결과 보살행이라는 것에 주목하게 되는 한편 『법화경』에 대한 해석도 그것에 따라 변해 갔다. 즉 『법화경』에는 진리의 현실 구현에 노력하는 보살행을 강조한 부분이 한 그룹을 형성하고 있으므로, 니치렌은 그것에 착안하여 그 부분이야말로 사실은 법화의 중심이 되는 것이라고 주장하기에 이르렀다. 법사품(法師品) 10에서부터 보살행에 대해서 언급하여 종지용출품(從地涌出品) 15에 이르러 상행 보살(上行菩薩)을 위시한 보살들이 대지로부터 붓다 앞에 솟아나오자 붓다는 그 제자들(성문)을 물리치고 이 보살들이야말로 자기 본래의 제자라 말하고, 여래신력품 21에서 촉루품(囑累品) 22에 이르러 그 보살들에게 진리를 현실에서 실현할 사명이 부여되었으므로, 니치렌의 종지용출품 15에서 촉루품 22까지의 8장이 『법화경』의 중심 부분이며, 그것은 상행 보살을 비롯한 지용(地涌) 보살들의 '하종행(下種行)'을 설한 것이라고 주장하였다. '하종'이란 진리 구현 · 불성 개발을 위해 현실로 뛰어든다는 말이다.

『법화경』 종지용출품에서 왜 직제자들이 물리쳐지고 지용의 보살들이 선택되었을까. 직제자들은 공(空) · 무상(無相) · 현실 이탈의 세계에 머물러 있는 까닭이어서, 그것과는 대조적으로 현실의 사바 세계에서 사람들과 기쁨이나 슬픔을 함께 나누면서

진리 실현을 지향하는 보살들이 붓다 본래의 제자요, 여래사(如來使)라고 칭찬받은 것이다. 이 보살들은

> "세간의 법에 물들지 않음이 마치 연꽃이 물에 있음과 같아서, 이제 여기에 대지로부터 솟아나왔다."

고 설명되었다. 연꽃은 흙탕물 속이 아니면 피지 않는다. 더욱이 그 더러움에 물들지 않고, 아름다운 모습의 꽃이 되는 것이다. 이것이 보살의 모습이다. 이와 같이 보살은 사바 세계에 있으면서도 그것에 물들지 않으므로,

> "이 보살들은 사바 세계의 밑에 있는 허공에 산다." (종지용출품)

고 설해진 것이다. 즉 공(空)에 입각해 있다는 말이다. 공에 입각해 있으면서 현실 구현을 위해 애쓴다는 것이다. 이것을 영원한 진리(妙法)와 관련시켜 말한다면 이른바 연화화(蓮華花)가 된다. 『법화경』의 제목이 '묘법연화경'이 된 이유도 여기에 있다. 니치렌은 '연화'로서의 보살행을 강조하여 묘법연화경의 이름을 소리 높이 부를 것을 주장했다. 그것은 진리의 현실 구현에 의한 정법(正法)의 사회, 정법 국가의 건설을 목표로 삼았기 때문이었다. 즉 그는 진리를 현실에서 꽃피우고, 진리에 의해 현실을 꽃피우고자 한 것이라고 볼 수 있다.

영원으로서의 진리의 현실 구현과 그것에 의한 현실 개혁에

힘을 쏟게 된 니치렌은 진리를 현실에 살리기 위해서는 현실의 여러 모습(相)을 잘 관찰하여 그것들에 어울리는 방편을 설정할 필요가 있다고 생각해서 교(敎)·기(機)·시(時)·국(國)·서(序)의 '오강(五綱)'을 세우기에 이르렀다. 교설·기근(機根)·시대·국가 상황의 특수성을 이해해야 하며, 또 이제까지 어떤 교설이나 사상이 있었는지, 즉 서(序 ; 불법 유포의 전후 사정)라는 것을 알지 않으면 안 된다는 주장이었다.

이와 같은 실정에 따르는 방편 설법에 대해서『열반경』은

"여래는 일체 중생을 가엾이 여기고, 능히 시의(時宜)를 안다. 시기를 알기에 가벼운 것을 무겁다고 설하고, 무거운 것을 가볍다고 설한다." (四依品 8)

라고 했다. 보살행의 한 타입인 범행(梵行, brahma-carya)에 대해 논한 범행품 20에서는 지법(知法)·지의(知義)·지시(知時)·지족(知足)·자지(自知)·지중(知衆)·지존비(知尊卑)의 '칠선법(七善法)'이 설해지고, 다시

"여래에 대방편이 있으니, 무상을 상(常)이라 설하고 상을 무상이라 설하며, 고를 낙이라 설하고 낙을 고라고 설하며, 무아를 아라 설하고 아를 무아라고 설하며, 부정을 정(淨)이라 설하고 정을 부정이라고 설한다.

비물(非物)을 물(物)이라 설하고 물을 비물이라 설하며, 비실

(非實)을 실(實)이라 설하고 실을 비실이라 설하며, 비경(非境)을 경(境)이라 설하고 경을 비경이라 설하며, 비생(非生)을 생(生)이라 설하고 생을 비생이라 설한다.

무명(無明)을 명(明)이라 설하고 명을 무명이라 설하며, 비도(非道)를 도(道)라 설하고 도를 비도라고 설한다.

여래가 이 무량한 방편을 베푸심은 중생을 건지시기 위함이다. 어찌 거짓일 것이냐."

라고 말했다. 이를테면 재산 · 지위 · 명예 따위를 얻고자 바라는 사람이 있으면 그 소원을 충족시켜 주면서 깨달음으로 인도해 가고, 또 엄하게 꾸짖고 훈계하는 것이 효과가 있을 경우에는 그것으로 눈뜨게 하여 바른 길로 이끌어 간다는 것이다. 이와 같이 시기를 보아 적절한 방편을 써서 교화하고, 일률적으로 설하지 않는 것이 여래의 지혜이다. 그리고

"여래는 이와 같이 다함이 없는 갖가지 방편을 써서, 온갖 중생으로 하여금 최상의 깨달음에 안주케 하는 것이니, 이것이 어찌 거짓이라 하겠는가.

여래는 갖가지 악 속에 계셔도 물들지 않음이 연꽃과 같다."

고 하여 이런 방편 교화가 역시 연꽃에 비유되었다.

사정품(邪正品) 9에서는 불설(佛說)과 마설(魔說)이 밝혀졌는바, 그 속에서

"이런 일을 나타내어 온갖 견해에 대처해 간다 해도 얽매이는 마음이 일어나지 않는다. 그것은 연꽃이 더러움에 물들지 않는 것과 같다. 온갖 중생을 인도하기 위하여 이 같은 갖가지 방편을 행해서 세상의 조류를 따르는 것이다."

라고 보는 것이 불설이요,

"여래는 무공덕(無功德) · 무상(無常) · 공(空) · 무아(無我)를 주장하고 세상을 외면한다."

고 말함은 마설이라고 논했다.

보살의 다섯 가지 실천

성행품(聖行品) 19는 그 첫머리에서 보살의 현실 실천에 대해 성행(聖行) · 범행(梵行) · 천행(天行) · 영아행(孀兒行) · 병행(病行)의 '오행'을 들고 "보살은 언제나 이 다섯 가지 행에 힘쓰라."고 권했다.

성행(聖行)이란 현실에 빠져서 헤어나지 못하는 일이 없도록 현실을 초월한 성스러운 경지를 확보하는 것이니, 구체적으로는 자기에 대한 경계와 마음과 안정과 세상을 투시하는 지혜 즉 계(戒) · 정(定) · 혜(慧)를 체득하는 일이다. 이에 대해서 성행품은

"무엇을 성행이라고 일컫는가. 성행이란 부처나 보살 같은 성인이 행하는 것이므로 성행이라 한다. 어째서 부처 · 보살을 성인이라 일컫는가. 이런 분들에게는 성스러운 법이 있는 까닭에, 즉 항상 여러 법의 본성이 공적함을 관하는 까닭에 성인이라 한다. 또 성스러운 계(戒)가 있는 까닭에 성인이라 일컫고, 성스러운 정(定)과 혜(慧)가 있는 까닭에 성인이라 일컫는다."

고 설하고 있다. 그리고 이 성행에서는 인생에 대한 초월을 유지하기 위해 무상관(無常觀) · 부정관(不淨觀) 따위를 채택하게 된다.

그러나 그것은 어디까지나 집착 없고 자재로운 현실 실천을 위한 것이며, 계를 지킨다는 것도 "온갖 계율을 지킴으로써 남김없이 일체 중생에게 베푼다."고 설해지는 바와 같이 세상의 평화와 행복을 염원하는 데서 나오는 것이어서, 소승 교도들과 같이 '고조 해탈(孤調解脫)' 즉 자기의 현실 이탈을 생각하여 몸을 깨끗이 갖는다는 것은 아니다. 바꾸어 말하면, 이 지계(持戒)는 이타행으로서의 그것이지 자리행은 아닌 것이다. 지계가 자기의 현실 이탈을 위한 필수 과정이라는 생각에서 극단적인 고행을 일삼으며 그것을 자랑으로 아는 경향이 외도 사상가들 사이에 보였거니와, 이런 고행은 마설이라 하여 배척된 바이어서 사정품 9에

"항상 한 다리를 들고 침묵한 채 말하지 않는다든지, 불에 몸

을 태운다든지, 높은 곳으로부터 몸을 던진다든지, 독을 먹는다든지, 단식한다든지, 가시나무 위에 눕는다든지, 손발을 매어 놓는다든지, 혹은 그런 것으로 기적을 나타낸다든지 하는 것은 곧 악마의 설이요 외도의 견해이니, 내 제자로서 할 일이 못 된다."

라고 설해져 있다. 이런 고행은 오늘날의 인도에서도 행해지고 있거니와, 불교 본래의 입장에서 말한다면 명확한 사도여서, 붓다 자신도 쾌락주의와 함께 고행주의를 버리고 중도에 선다는 것을 선언했음은 앞에서도 언급한 바이다.

불교에서의 지계의 목적은 모든 사람의 편안과 행복한 생활을 실현해 주자는 데 있는 것이며, 따라서 지계 자체가 목적은 아니었다. 바꾸어 말하면 지계는 절대적 사항은 아니며, 현실적 상황 여하에 따라서는 계를 버리는 것도 허용되는 것이어서, 성행품에 "인연에 따라 계를 깨뜨릴 수도 있다."고 못을 박고 있다. 그러면 구체적으로 따져서 어떤 경우에 어떤 인연으로 계를 버릴 수 있느냐는 것이 문제가 되려니와 그것에 대해서는 뒤에서 다시 논하겠다.

다음으로 범행(梵行)이란 발고여락(拔苦與樂)의 화타행(化他行)[11]이라고 해석된다. 이것에 대해서는 성행품 다음에 범행품이라는 1장이 설정되어서 상세한 해설이 베풀어졌다. 먼저 총괄적으로 칠선법에 대해 말하고 나서, 다시 보살의 방편행의 여러 모습으로 이야기를 몰고 갔거니와, 특히 강조된 것은 사무애(四

無礙)와 사무량심(四無量心)이었다. 사무애란 법무애(法無礙)·의무애(義無礙)·사무애(辭無礙)·요설 무애(樂說無礙)로 진리의 파악·해석·표현·논설이 자유 자재하여 장애가 없는 일이다. 또 사무량심은 자(慈)·비(悲)·희(喜)·사(捨)인바, 보살행을 지탱하는 중심 이념이다. '자'는 남에게 즐거움을 주는 사랑, '비'란 남의 괴로움을 제거하는 사랑, '희'란 남의 행복을 기뻐하는 마음, '사'란 은혜를 베풀고도 보수를 바라지 않는 정신이다. 부처·보살의 사랑은 평등애이다. 그러므로 그 배경에 사심(捨心)이 있어야 하고, 또 사심을 유지하기 위해서는 공의 경지가 체득되어야만 하는 것이다.

"보살은 사심(捨心)을 닦을 때 공평 등지(空平等地)에 주(住)한다. 공평 등지에 주하면 부모·형제·원증(怨憎) 등의 구별이 없어지고, 그 마음의 평등함이 허공 같아진다. 왜냐하면 공법(空法)을 잘 습득하기 때문이다.

공이란 내공(內空)·외공(外空)·내외공(內外空)·유위공(有爲空)·무위공(無爲空)·무시공(無始空)·성공(性空)·무소유공(無所有空)·제일의공(第一義空)·공공(空空)·대공(大空)이다."

'희'에 대해서는 이렇게 말할 수 있다. 남의 불행에 동정하기

11) 남을 교화함.

는 쉬우나, 다른 사람의 행복을 기뻐하기는 어려운 것이 인간이다. 그럴 경우에는 시기심이 움직이기 쉽기 때문이다. 따라서 남의 행복을 기뻐할 수 있기 위해서도 공을 가득히 체득하는 것이 전제 조건이 된다.

이와 같이 보살의 사무량심으로서 설해진 공 · 평등은 적극적인 현실 실천과 인간애의 원동력임을 알 수 있다. 그것은 현실 이탈이나 방관을 위한 정신이 아니다. 그러므로 공공(空空)이니 제일의공(第一義空)이니 대공(大空)이니 하는 말이 거론된 것이겠다. 즉 영원의 진리는 현실의 진리요, 현실의 진리가 되어야 하는 것이다. 양자는 이(二)면서 불이(不二), 불이(不二)면서 이(二)이다. 그것이 공공(空空)이라는 것이며, 제일의공 · 대공이라고 불리는 까닭이다.

성행품에서도

> "세속제(世俗諦)란 제일의제(第一義諦)이다. 방편상 중생의 생각을 따라 이제(二諦)가 있다고 설한다."

고 말했다. 따라서 또 평등의 자비라는 것도 추상적 · 관념적으로 파악되어서는 안 된다. 현실의 차별상을 잘 관찰하여 그것에 대응하는 구체적 표현이 부여되지 않으면 안 된다. 범행품은 이것을 특히 역설하고 있는데, 거기에는 적극적인 보살의 행원(行願)이 선명하게 부각되어 있는 바이므로, 그 일부를 다음에 소개해 두겠다.

"원컨대, 일체 중생이 공을 깨닫고 무애심을 얻어 허공같이 되기를.

원컨대, 일체 중생이 무상의 불도를 구하여 번뇌의 목마름을 끊고 생사의 집착을 떠나며, 대승의 열반을 원하고 법신(法身)을 갖추며, 온갖 삼매를 얻어서 지혜의 깊음이 대해같이 되기를.

원컨대, 일체 중생이 무량한 법미(法味)를 갖추어서 불성을 볼 수 있고, 불성을 보고 나서 능히 법우(法雨)를 내리고, 법우를 내리고 나서 불성이 널리 뒤덮기를, 허공같이 되기를.

원컨대, 일체 중생이 용모가 보름달과 같고, 빛이 아리땁고 향기가 드높아 백복으로 장엄되기를.

원컨대, 일체 중생이 서로 화목하고 기쁨을 같이하고 고뇌가 없고 좋은 일이 많기를.

원컨대, 육안(肉眼)이 청정하여 시방 세계를 투시하고, 부처의 광명을 얻어 널리 시방을 비쳐 대지(大智)의 등불로 일체의 어둠을 깨뜨리기를."

다음으로 천행(天行)이란 천연 · 자연의 이치를 따르는 실천이라는 뜻이어서, 현실의 생성 악동의 원동력인 인과의 도리를 활용하는 일이기도 하다. 그리고 영아행이란 마치 어린애를 대하는 것같이 소심(小心) · 소력(小力)한 약한 사람에게 순응하는 행위요, 병행이란 여러 사람들의 고뇌와 병을 자기의 고뇌 · 병으로 알아 인도해 가는 일이다. 영아행에 대해서는 영아행품 21

에 자세한 언급이 있다.

"갓난애는 사물을 바르게 판단할 줄 모른다. 보살도 또한 이와 같다. 중생 중에서 즐거움을 구하는 이에게는 즐거움에 대해 설하고, 생사를 싫어하는 이에게는 생사를 싫어해야 한다는 것을 설한다. 만일 어떤 중생이 도(道) 아닌 것을 도라고 생각한다면, 도 아닌 것을 가지고 도라고 설한다."

이것은 일종의 대기 설법(對機說法)이다. 상대의 고뇌·불평에 대해 처음부터 꾸짖든지 비판하지 않고, 상대의 입장이 되어서 그 고뇌나 불평을 들어 주는 행위이다. 이것은 사람을 인도하는 데 매우 유효한 방법의 하나이다. 이를테면 노이로제 환자의 치료에서 상대의 심중을 모두 털어놓게 하여 의사가 그것에 말을 맞추면서 들어 주는 것이 효과 있는 한 방법으로 생각되고 있거니와, 이것도 일종의 영아행이라고 말할 수 있을 터이다. 영아행은 오늘날 카운셀링이나 정신 의학에 널리 도움을 줄 것이다.

이 영아행은 이론을 가지고 상대에게 대하는 것이 아니라, 실존 철학자인 야스퍼스의 말을 빌리자면 상대의 '마음에 접촉하는(die Seele zutreffen)' 일이다. 야스퍼스는 환자를 치료하는 의사에 대해서 이것을 말한 것인바, 그는 이것을 환자와 운명을 함께 하는 '실존적 교제(existentielle Kommunikation)'라고 일컬었다.

이에 대해 병행은 남의 고뇌와 병을 자기의 고뇌·자기의 병으로 받아들여 인도해 가는 것이다. 일체대중소문품(一切大衆所

問品) 17에 붓다가 병들었을 때의 일에 관해서, 붓다의 말씀이라 하여

"너희는 스스로 마음을 닦고 삼가서 방일(放逸)함이 없어야 한다. 나는 이제 등이 아프고 몸 전체가 아프다. 눕고 싶은 것이 저 어린애나 환자와 같다."

라는 대목을 소개하고

"이 말씀을 설하시고 나서 일체 중생을 건지기 위하여 몸에 병을 나타내시어, 오른쪽 옆구리를 밑으로 하여 누우시기를 마치 병자와 같이 했다."

고 서술했다. 다음의 현병품(現病品) 18은 이를 받아 다시 고찰을 진행시킨 것이다.

또 성행품에서는 이렇게 '오행'을 열거하고 나서 "일행이 있으니 이는 여래행(如來行)이다."라고 하여 오행을 여래행 하나로 환원시켰다. 이것을 천태 대사는

"오행의 일심 중에 있으면서 구족하여 결함이 없는 것을 여래행이라 한다." (法華玄義 卷四)

고 해석하고, 다시 이를 공(空)·가(假)·중(中)에 적용해서

"일심의 오행은 곧 삼제 삼매(三諦三昧)이다. 성행은 곧 진(공)제(眞諦) 삼매요, 범행 · 영아행 · 병행은 속(가)제 삼매요, 천행은 중도왕 삼매이다."

라고 해설하였다.

자비의 실천

평등과 차별

보살이란 현실을 구제하기 위해 여러 가지 방편으로 현실에 작용을 가하는 사람이다. 영원의 진리 · 영원의 붓다는 사실 이러한 보살행의 실천 속에서 발견되는 것이다. 명자공덕품(名字功德品) 6은 『열반경』에 관하여

"이 경은 일체의 번뇌와 온갖 마성(魔性)을 항복받고, 다음에 대한 열반을 기다려 신명(身命)을 버린다. 그러므로 이를 대반열반이라 하는 것이다.

의사에게 한 비방이 있어서 모든 의술이 그 속에 섭취되는 것과 같이, 가지가지의 묘법과 비밀, 심오한 진리가 모두 다 이 대

반 열반 속에 섭취된다. 그러므로 대반 열반이라 하는 것이다."

라고 하여, 『열반경』은 영원의 진리를 현실의 여러 상황에 응하여 갖가지 모습으로 표현하는 것이어서, 마치 뛰어난 의사가 한 비방으로부터 환자의 병세에 따라 갖가지 의술을 발휘할 수 있는 것과 같다고 말하고 있다.

문자품(文字品) 13은 현실에서의 진리 전달의 도구인 문자와 언어에 대해 고찰했다. 궁극의 진리는 이원적인 분별 · 판단을 초월한 불가사의 · 불가언설의 것이며, 따라서 문자와 언설에 얽매여서는 안 되므로 "만일 문자에 얽매이는 이가 있으면, 이는 여래의 성품을 모르는 사람이다."라고 평했다. 그러나 돌이켜 생각할 때, 인간의 현실 생활은 이원 · 상대의 세계임에 틀림없고, 문자 · 언설은 그런 인간의 생활을 반영하는 것이며, 영원의 진리를 현실에 구현하는 중요한 도구가 된다. 따라서 문자와 언설의 포기는 다양한 현실 생활을 포기하는 일과 마찬가지이며, 인간 사이의 관계를 불가능하게 하여 결국은 『열반경』의 정신에 위배되는 결과가 된다. 그래서 문자 · 언설로 상(常) · 무상(無常) · 율(律) · 비율(非律) · 마설(魔說) · 불설(佛說) 따위를 능히 분별하지 못한다면, 그것을 수축 무학(隨逐無學)이라 일컫는다고 하였다.

조유품(鳥喩品) 14에서는 인간 세계는 원앙의 암수가 서로 떨어지지 않는 것처럼(二鳥雙遊) 고와 낙 · 무상과 상 · 무아와 아 같은 것이 얽혀 있는 세계여서, 붓다는 그것에 따라 때로는 고 ·

무상 · 무아 따위를 설하고, 때로는 낙 · 상 · 아 따위를 설한다고 밝혔다.

"원앙은 노는 데나 멈추는 데나 항상 암수가 같이 있어서 서로 떠나는 일이 없다. 고와 낙 · 상과 무상 · 아와 무아 등의 법도 또한 이와 같아서 서로 떠나는 일이 없다.

불법은 원앙이 함께 감과 같다. 때에 따라서 이는 고, 이는 낙이라고 설한다. 여래는 실로 우비(憂悲) · 고뇌가 없다. 그러나 중생을 대하심에 대자비를 일으켜 우비를 나타내신다.

불(佛) 불가사의 · 법(法) 불가사의 · 중생성(衆生性) 불가사의이다. 여래의 유우(有憂) · 무우(無憂)는 부처의 경계이다."

이와 같이 현실의 상황에 즉응한 불법의 활현(活現), 중생의 활용, 거기에야말로 불가사의가 있음을 강조했다.

월유품(月喩品) 15에서는 달이 차고 이지러지는 데 비유하여 여래의 현실 응현(應現)이 설해졌다.

"반달을 보고 만월을 보고 월식을 보되, 달의 성품은 증감과 침식이 없어서 항상 만월일 뿐이다. 여래의 몸도 또한 이와 같다. 그러기에 이름 붙여 상주 불변이라 하는 것이다. 여래의 실성(實性)은 이를테면 저 달과 같다. 즉 법신(法身) · 무생신(無生身)이면서 동시에 방편신(方便身)인 것이니, 세상에 수순(隨順)하여 몸을 나타냄이 무량하다. 인연을 따라 곳곳에 나타남이 저 달과 같다. 그러므로 여래는 상주(常住)여서 변화함이 없는 것이다."

이를 거꾸로 말하면, 불변 상주인 여래는 불변 상주라는 그것 때문에 현실의 정세에 따라 끝없이 몸을 나타낼 수 있다는 이야기가 된다.

이와 같은 여래의 존재 양상이 곧 보살행이며, 이것을 한마디로 '응병여약(應病與藥)'이라고 일컫는다.

성행품 19는 무량한 방편으로 갖가지 설법을 하는 것에 대해

"이를테면 뛰어난 의사가 온갖 중생의 갖가지 병세를 알아서, 그 병에 따라 약을 맞추는 것과 같다.

여래도 또한 그러하다. 방편을 잘 알아 일법상(一法相)에서 온갖 중생에 따라 갖가지 상(相)을 분별하여 널리 설한다."

고 해설하였으며, 고귀덕왕보살품 22에서는

"부처와 보살을 대의(大醫)라 하고 선지식이라 부른다. 왜냐하면 병을 알고 약을 알아서, 병에 따라 약을 구해 주기 때문이다."

라고 했다. 이와 같은 응병여약으로서의 보살행은 현실을 살아가는 데 지표가 되고 생활 방식의 모델 케이스를 보여 준 것이어

서, 우리는 그것에서 인생의 도표 · 생활의 지혜를 배우는 바 있어야 하겠다.

그런데 "산다는 것은 사랑하는 일이다."라고 흔히 말하거니와, 이것을 불교의 입장에서 말한다면 보살행의 진수는 자비행이라는 말이 된다. 자비는 불교의 현실 실천에서 기치가 되어 있으며, 경전에서는 흔히 불 · 보살 · 불심 · 불성의 동의어로서 강조되고 있다. 즉 『열반경』 범행품 20은

> "자(慈)는 곧 여래, 여래는 곧 자이다. 자는 곧 불성, 불성은 곧 자이다. 자는 곧 공, 공은 곧 자이다."

라고 하였고, 사자후보살품 23에서는

> "대자 대비가 항상 보살을 따름은 그림자가 형태를 따름과 같다. 일체 중생은 반드시 대자 대비를 획득할 것이다. 그러므로 설하여 일체 중생 모두에게 불성이 있다고 하는 것이다.
>
> 대자 대비란 불성을 말함이며, 불성이란 여래를 말함이다."

라고 강조하였다. 또 여래의 영원한 광명은 지혜의 빛인 동시에 자비의 작용이라고도 설했다.

장수품(長壽品) 4에서는 카샤파(迦葉)가 영원의 생명을 얻을 수 있는 길에 대해 묻자, 붓다는 자비의 실천을 통하여 그것의 파악이 가능하다고 대답했다.

"어떻게 함으로써 장수 · 불괴(不壞)의 몸을 얻을 수 있습니까. 어떻게 함으로써 연꽃과 같이 더러운 세상에 있으면서도 더러워지지 않고, 번뇌 가운데에 있으면서도 물들지 않을 수 있습니까."

"장수를 얻고자 할진대, 마땅히 일체 중생을 생각하기를 외아들을 생각함(一子想)같이 하여, 대자 · 대비 · 대희(大喜) · 대사(大捨)를 일으키라."

이것이 붓다의 대답이었다. 그러나 이 '일자상(一子想)'의 자비에 문제가 생겼다.

"계를 깨는 이, 포악한 짓을 하고 역죄(逆罪)를 범하는 자, 정법(正法)을 비방하는 이에 대해서도 평등히 외아들(一子)처럼 알아야 되나이까."

그러나 이에 붓다의 대답은 뜻밖이었다.

"그런 이를 보면 책망하고 고쳐 주고 배척해야 한다. 만약 그렇게 하지 않는다면 그는 불법의 적이다."

카사파는 반박했다.

"그렇다면 일체 중생을 외아들처럼 본다고는 못하지 않습니까. 붓다께서는 일자상에 의해 장수를 얻을 수 있다고 설하셨으나, 사실은 여래에게 증오하는 마음이 있는 것이 되므로, 여래의 수명은 백 년에도 차지 않는 결과가 되지 않겠습니까."

우리는 여기에서 영원에서의 평등과 현실에서의 차별의 갈등이 자비에서의 평등과 차별의 문제가 되었음을 알게 된다. 장수품은 이에 대한 해명을 다음 장으로 미루고, 붓다의 다음과 같은 말씀으로 끝을 맺고 있다.

"여래는 상주하여 변함이 없다. 이 상주란 세간에서 말하는 상주가 아니다.

여래는 어디에 주하고, 어디에서 행하고, 무엇을 보고, 무엇을 원할 것인가 하고 추측해서는 안 된다. 부처의 법신과 갖가지의 방편은 불가사의하기 때문이다."

무연(無緣)의 자비

'일자상(一子想)'의 자비란 붓다가 살아 있는 일체의 생명을 모두 평등한 외아들로서 사랑하는 일이다. 이와 같이 자비란 이것과 저것 · 사랑과 미움을 초월한 평등애(平等愛)여서, 『법화경』에서는

"내 일체를 보기를 두루 평등하여, 피차(彼此) · 애증(愛憎)의 마음이 없다." (藥草喩品)

고 설했고, 『열반경』에도

"부처는 대비(大悲)가 두루 미쳐서 한 사람에 멈춤이 없고, 정법(正法)이 널리 이르러 휩싸지 않는 곳이 없다. 원친(怨親)이 없고 마음에 증애(憎愛)가 없다." (梵行品)

"보살은 자(慈) · 비(悲) · 희(喜)를 모두 닦아서 극애(極愛) · 일자(一子)의 경지에 주(住)할 수 있다. 어째서 이 경지를 극애라 하고 또 일자라 이르는가. 이를테면 부모가 아들이 편안함을 보고 마음에 크게 기뻐하는 것과 같이, 이 경지에 주하는 보살도 역시 그와 같은 것이다. 일체 중생 보기를 외아들과 같이 하고, 선을 닦는 것을 보고 크게 기뻐하는 것이니, 그러므로 이 경지를 극애라 이르는 것이다." (同上)

"보살이 보시(布施)를 행할 때, 온갖 중생을 평등한 자비심으로 대함이 마치 자식을 대하는 것과 같다." (同上)

등등으로 설해져 있다.

또 병행품에서는 중생연(衆生緣) · 법연(法緣) · 무연(無緣)의 '삼연(三緣)의 자비'를 들어 자비의 특색을 밝혔다. 중생연의 자비란 "부모 · 처자 · 친척을 인연으로 하는 따위이다."라고 했듯이 가까운 관계를 인연으로 한 자비이다. 법연의 자비란 객관적인 도리에 입각한 자비이며, 무연의 자비란 "법상(法相)[12]과 중생상(衆生相)[13]에 매이지 않는 것, 이를 무연이라 이른다."고 했듯이 이론이나 교분을 넘어선 절대 평등의 자비이다. 붓다의 사랑 내지 진정한 자비는 이 세 번째의 '무연의 자비'에서 발견되는 것이다. 앞에서 든 『관무량수경』의 "불심이란 대자비심이다."라는 말씀에 이어 "무연의 자비로써 온갖 중생을 섭취한다."고 설해진 것은 그 때문이며, 이 무연의 자비는 '무연의 대비(大悲)'라고도 일컬어져서 자주 강조되어 온 것이다.

'무연의 자비' 내지 '무연의 대비'는 기호 · 작위(作爲)[14]를 초월한 무상(無相) · 무작(無作)의 사랑이며, 공에 입각하는 것이라고 여겨졌다. 나가르주나(龍樹)는 『대지도론(大智度論)』에서

> "부처는 능히 필경공(畢竟空)을 닦는 까닭에 이를 무연의 대비라 일컫는다."

> "법성(法性)은 공이요, 실상(實相)도 또한 공이다. 이를 무연의 대비라 부른다."

12) 이것이 진리라는 의식.
13) 중생이라는 의식.
14) 의식적으로 행동하는 것.

"무연의 비(悲)는 필경공에서 생긴다."

라고 논하고 있다. 『열반경』에서는

"공평 등지(空平等地)에 들어간 보살은 부모 · 형제 · 자매 · 처자 · 친척 · 원증(怨憎) 따위를 가리지 않는다."

"그 마음의 평등함이 저 허공과 같다."

고 했고, 『법화경』에서도

"여래의 방(室)이란 일체 중생 중에 베풀어지는 대자비심이 그것이며, 여래의 옷(衣)이란 유화 인욕(忍辱)의 마음이 그것이며, 여래의 자리(座)란 일체 법공(一切法空)이 그것이다."

라고 하여 자비와 공을 중시하였다.

이와 같이 자비는 공을 밑받침으로 한 평등 절대의 사랑에 그 진의가 있다고 여겨져 왔다. 그러나 사실은 그렇게 간단히 처리될 문제만은 아닌 것 같다. 그 증거로는 자비와 공이라는 문제를 에워싸고 불교 안팎에서 논란이 벌어졌던 사실을 지적할 수 있다. 즉 일체가 공이라고 하면 자비라는 행위도 일어날 수 없지 않느냐는 의문이었다. 공을 취하든지 자비를 취하든지 해야 할 것이며, 공을 궁극의 진리라고 친다면 그에 앞서 자비는 버려져야 한다는 것이 소승 불교 한 부파의 주장이었다. 그러나 대승 불교에서는 그런 공의 이해를 공에 대한 오해(惡取空)에서 생긴 것이라 하고, 공이야말로 진실 평등의 자비를 가능케 하는 것이라고 반론했다.

또 하나, 평등이라는 문제를 둘러싸고 의문이 제기되었다. 이것은 『열반경』에서도 카샤파의 질문이라는 형식으로 다루어진 셈이 되었거니와, 현실은 선인과 악인이 공존하는 차별의 세계이며, 그것에 대해 평등한 자비를 쏟는다는 것은 극악한 무리까지도 그대로 방치하여 결국은 폐해만 낳는 것이 되지 않는가, 만약 또 극악한 사람에 대해 책망한다고 하면 평등한 자비라고는 말할 수 없지 않겠느냐는 의문이었다. 이 의문에 대해서는 다음과 같이 반박되었다. 즉 그것은 평등한 자비라는 것을 추상적 · 관념적으로 그리고 일원론적으로 생각했기 때문에 생겨난 의문이며, 만약 평등한 자비를 그렇게 이해한다면 마설(魔說)이니 배척되어야 한다는 것이다. 『열반경』 사정품(邪正品) 9에

> "원친(怨親)간에 그 마음이 평등하고 증익(增益) · 손감(損減)의 마음을 일으키지 않아서 오직 중도(中道)에 서는 까닭에 여래라고 일컫는다 함은 마설이다. 일체 중생을 구제하기 위하여 능히 갖가지 방편을 행하여 현실에 적응한다는 것이 불설(佛說)이다."

라고 설해진 이유가 거기에 있다. 즉 평등 절대의 자비란 현실의

차별 상대의 여러 상황을 무시하여 극악한 자도 그대로 버려 둔다는 뜻은 아니다. 그런 평등은 평등을 그릇 이해한 이른바 악평등(惡平等)이며, 악과의 타협에 떨어진 것이라 하여 '순마(順魔)' 라고 일컬어진다. 또 그러한 자비는 그릇된 자비인 까닭에 '자비마(慈悲魔)' 이며 '애견(愛見)의 대비' 라고 평해진다. 『수능엄경』 9에서

"무궁한 자비심을 일으켜 모기나 등에가 나는 것을 보아도 어린애를 대한 듯 연민의 정을 느껴 저도 모르는 사이에 눈물을 흘리는 것, 이는 마음을 억제함이 지나친 것이니 성스러운 체험이 아니라고 깨달으면 허물이 없다. 만약 이것을 정당한 도리인 줄 안다면, 그것은 비마(悲魔)이다."

라고 경계한 이유도 거기에 있다. 진실공(필경공)에 입각한 참다운 불이(不二) 평등의 자비란 그런 것일 수는 없다. 집착을 떠난 사랑이기에 공평히 현실의 모습을 관찰하여 사심 없는 입장에서 쳐야 할 것은 친다는 정신인 것이다. 이 점을 확실히 이해하기 위해서는 여기서 사랑과 자비의 차이점을 파악해 둘 필요가 있을 것 같다.

애견(愛見)과 자비

독일의 철학자 피히테(J.G. Fichte)는 "삶은 사랑이다."라고 하

면서 "살아 있다는 것은 사랑하고 있다는 것이다."라고 하였다. 사실 우리의 생을 형성하고 그것에 힘을 부여하는 것은 사랑이며, 따라서 사랑 없는 곳에는 생이 없고, 사랑 없는 사람이란 곧 죽은 사람이나 다를 바 없다고 하겠다. 세상의 모든 움직임이 사랑을 원동력으로 하고 있으며, 싸움이나 증오심도 이 사랑의 반작용으로서 존재하는 것이라고 해도 과언이 아닐 것으로 안다. 그러나 사실은 그렇기 때문에 사랑은 인생으로 하여금 괴로움에 허덕이게 하는 근본 요소라고도 흔히 생각되는 것이다.

사랑은 기쁨이며 동시에 괴로움이기도 하다. 불교에서는 사랑이 고뇌라는 면을 특히 강조해 왔다. 『법구경』에도

> 사랑하는 이와 만나지 말며
> 사랑하지 않는 이와도 만나지 말라.
> 사랑하는 이를 못 봄은 괴로움이니라.
> 사랑하지 않는 이를 봄도 괴로움이니라.

하는 구절이 있다. 그러면 왜 사랑이 고뇌라고 불교에서는 보는 것일까. 그것은 사랑이 집착심을 일으키기 때문이라고 되어 있다. 일찍이 사랑이란 주는 것이냐 뺏는 것이냐는 문제를 가지고 논쟁이 벌어진 일이 있다. 아리시마(有島武郎)는 1917년에 '아낌없이 사랑은 뺏는다'라는 제목으로 논문을 발표하여 "사랑은 인간에게 나타나는 순수한 본능의 작용이다."라고 말하면서 "사랑은 주는 본능이 아니라 뺏는 본능이며, 내던지는 에너지가 아

니라 빨아들이는 에너지이다."라고 주장하였다. 그러나 그 어느 것에든간에 사랑이 영원을 소유코자 하는 소망임에는 틀림이 없다. 하지만 이 세상의 모든 것은 변화를 거듭하여 상주 영원의 것이란 어디에서도 찾아볼 수 없는 것이 엄연한 현실이라 할 때, 거기에서 고뇌가 생기고 또 집착심이 한층 불붙는 것은 필연적 결과라 하겠다. 그리고 사랑하는 나머지 증오심도 솟아나리라. 이런 관점에서 불교는 사랑을 집착이라고 정의했던 것이며, 또 그것이 마치 목마른 사람이 물을 구하는 것처럼 욕망의 충족을 강하게 희구하는 마음이기도 하기에 '갈애(渴愛, taṇhā)'라고도 일컬었다.

불교에서는 성애(性愛, kāma)나 가족애만이 아니라, 자아 중심의 집착을 수반하는 것은 모두 사랑이라고 불렀다. 이를테면 생존에 대한 집착을 '유애(有愛)', 진리에 대한 집착을 '법애(法愛)'라고 한 것 따위가 그것이다. 이런 사랑은 고뇌의 근원이요 번뇌 그것이므로 마땅히 끊어야 할 것으로 여겨졌다. 남녀의 사랑·부부의 사랑·부모 자식 사이의 사랑 따위에서는 자기를 아낌없이 주는 무아애(無我愛)가 드러나기에 그처럼 아름다운 것도 달리 찾을 수 없다 하겠으나, 거꾸로 집착의 동아줄에 얽매임이 그처럼 강한 것도 다시 없을 터임에 틀림없다. 불교에서는 이를 '은애(恩愛)의 감옥'이라 불러 거기서 탈출할 것을 권했다.

"사랑에서 근심이 생기고, 사랑에서 두려움이 생긴다. 사랑을 떠난 이에게는 근심이 없거니, 어디에 또한 두려움이 있으랴."

(法句經 212)

"남을 만나서 사랑이 생기면 집착이 일고, 집착의 결함으로써 괴로움이 생긴다. 집착에서 고뇌가 생김을 살펴서, 무소의 뿔처럼 홀로 가거라." (수타니파타 36)

옛날의 승려들이 출가 의식을 행할 때에는 "기은입무위(棄恩入無爲) 진실보은자(眞實報恩者)"라고 불렀다고 한다. 은애의 얽매임을 끊고 공 · 무위에 들어가는 것이 진실한 의미에서의 보은이 된다는 뜻이다. 도겐(道元)도 "은애를 소중히 안다는 것은 은애를 버리는 일이다."라고 말했고, 니치렌(日蓮) 역시 "출리(出離)의 도(道)를 안 이상에는 부모 · 스승의 말도 따르지 말라."고 하였다.

이와 같이 불교에서는 사랑이 부정되고 공 · 무위에 들어갈 것이 강조되었거니와, 그러나 이것은 사랑 자체의 포기를 뜻하는 것은 아니다. 도리어 그 진정한 의도는 집착에 빠진 사랑을 부정하고 진정한 사랑을 확립하는 데 있다. '자비' 라는 말로 표현된 것이 그것이다. 자비에 관해서는 예로부터 여러 가지 해석이 있거니와 '자(maitrī)' 란 사람들에게 이익과 안락을 주고자 하는 것, '비(karuṇā)' 란 사람들에게서 해와 고(苦)를 제거하려는 것, 이것이 대체로 보아 전통적 해석이다. '자' 는 능동적으로 상대를 바로잡으려는 사랑, '비' 는 수동적으로 상대를 감싸는 사랑이라고도 이해되어, 후일에 와서는 자에 '절복(折伏)' 을 배정하고, 비에 '섭수(攝受)'를 배당하기도 하였다. 이 자와 비가 합쳐져 '자비'라는 말이 되어 총체적으로 불교의 사랑의 관념을 수립함에 이르렀다. 물론 경우에 따라서는 '자'나 '비'만으로 '자비'의 뜻을 나타내는 수도 있다. 자비의 총체적 의미는 일체 중생에 대한 헌신적 사랑이며, 애증(愛憎)의 대립을 넘어선 불이(不二)·평등의 절대적 사랑이어서, 그러기에 적에 대해서도 이것은 적용되어야 하는 것이다.

기독교에서는 사랑을 에로스(eros)와 아가페(agape)의 둘로 나누어, 에로스는 인간의 사랑이요 자아 중심적인 사랑이라 하고, 그에 대하여 아가페는 신의 사랑이요 무사(無私)의 사랑이라 보고 있거니와, 불교에서도 자비는 무사의 사랑이며 붓다의 사랑이라고 보았다. 이와 같이 붓다의 사랑이라는 관념이 강조된 결과, 특히 '대(大)'를 붙여서 '대자'니 '대비'니 하는 따위로 표현되기에 이르렀다. 이 대자·대비에서 주의해야 할 일은 그것이 공관(空觀)을 통해서 생겨난 것이라는 점이다. 공관이란 자타·애증 등의 대립을 넘어 불이(不二)·평등의 경지에 서는 일인바, 이 공관에서만 참으로 집착 없는 자타 불이(自他不二)의 자비가 실현되므로, 자비의 이런 점을 강조하여 '무연의 대비'라고 일컬은 것이다.

그러나 자비가 인연에 좌우되지 않는 무연의 것이요 대립을 넘어선 평등애라고 해서, 융통성이 많아 모든 것을 다만 포용하고 용서하는 데 그친다든지 또는 방관적인 동정에서 끝나는 것이어서는 안 된다. 자비는 현실의 대립·차별을 직시하고 그것에 적극적으로 대응함으로써, 시정할 것은 시정하고 살릴 것은 살려 간다는 그런 적극성을 가진 평등애인 것이다. 이것이 문제되고 또 고려되었기에 모든 것을 있는 그대로 용서하려는 따위의 자비는 자비 같으면서도 자비가 아닌 것, 즉 '자비마' 요 '애견의 대비' 라는 말로 불려질 것일 터이다. 그러므로 한 걸음 나아가, 자비에 '절복' 과 '섭수' 가 있다는 주장이 생겨났다.

절복의 실천

절복과 섭수

절복(折伏) · 섭수(攝受)라는 말이 나타나 있는 경전은 『대승열반경』 및 동시대(4세기)에 성립했다고 여겨지는 『승만경』과 7세기에 성립한 『대일경』이다. 『승만경』에는 승만 부인의 말이라 하여

"내가 힘을 얻었을 때 마땅히 절복할 것은 절복하고, 섭수할 것은 섭수하리라. 왜냐하면 절복과 섭수로써 법을 오래 머물게 할 수 있기 때문이다."

라고 설해져 있다. 중국의 가상 대사 길장(吉藏)은 『승만경』을

주석한『승만보굴』에서

> "강한 것은 꺾어야 하나니, 꺾어서 악으로부터 떠나게 하고, 유한 것은 포섭해야 하나니, 포섭하여 선으로 들게 하는 것이다. 그러므로 절복 · 섭수라 이른다."

고 설명했으며, 또 '힘을 얻었을 때'의 '힘'을 절복 · 섭수에 배정하여 '세력(勢力)'과 '도력(道力)'으로 나누었다. 쇼토쿠 태자는 이것을 이어 받아 "무거운 악은 세력으로써 절복하고, 가벼운 악은 도력으로써 섭수한다."고 해설했다. 즉 극악의 죄를 범하고도 부끄러워할 줄 모르는 오만한 사람에 대해서는 압력을 넣어 강한 힘으로 꺾어야 하며, 그렇지 않고 사소한 동기에서 악을 저지른 심약한 사람에게는 도리를 가지고 깨우쳐 준다는 것이어서, 거기서부터 '강강 절복(剛强折伏)' · '유연 섭수(柔軟攝受)'니 '중악 절복' · '경악 섭수'니 하는 술어가 생겨났다.『대일경』에서는 십선업도(十善業道)[15]의 해설 속에 절복 · 섭수라는 말이 보이고 있다. 십선업도의 하나에 거친 말을 쓴다든지 욕을 해서는 안 된다는 것이 있는데, 그것에 대해

> "유연 심어(柔軟心語)와 수류 언사(隨類言辭)로써 온갖 중생

15) 좋은 업보를 받을 수 있는 열 가지 착한 일. 즉 살생을 안 함 · 도둑질을 안 함 · 사음(邪狀)을 범치 않음 · 망령된 말을 안 함 · 겉과 속이 다른 말을 안 함 · 욕을 안 함 · 말을 꾸미지 않음 · 탐욕을 지니지 않음 · 성내지 않음 · 사견(邪見)을 지니지 않음.

들을 섭수해야 한다.……

악취(惡趣)[16]의 원인이 될 정도의 행위를 하는 이에 대해서는 이를 절복하기 위하여 거친 말을 사용한다."

고 해설을 가했다. '유연 심어'란 온화한 마음씨가 깃들인 언어를 일컬으며, '수류 언사'란 상대의 정도에 맞추어 말하는 것, 즉 자기를 강하게 내세우는 대신 상대의 생각 · 상대의 근기(根機)를 보아 그것에 응해서 상대에게 알맞은 설법을 하는 일이다. 또는 '수류 응동(隨類應同)'이라는 말도 있다. 상대의 말을 전면적으로 거부하지 않고, 그것을 잘 들어 줌으로써 사람들을 포섭하라는 뜻이다. 바로 '섭수' 그것이다. 이런 태도와는 대조적으로 악의 세계에 떨어진 이를 보았을 때에는 이를 굴복시키고 바로잡기 위해서 거친 말도 써야 한다. 일반적으로는 거친 말을 써서는 안 된다고 되어 있으나, 이런 경우에 한해서는 때로 상대를 꾸짖는다든지 해서 강한 말로 꺾을 필요가 있다. 그러므로 언제건 부드러운 말로 섭수만 하는 것이 아니라, 때에 따라서는 절복도 해야 한다는 것이다. 또『대일경』은 진언종(眞言宗)의 근거가 된 밀교(密敎) 경전이거니와, 그 진언종의 의식에서 한 손에 금강저(金剛杵)를 들고 다른 손에 염주를 쥐는 것은 절복과 섭수를 나타낸 것이라 할 수 있다. 그리고 불상에서도 부동명왕(不動明王)은 분노에 찬 형상을 하고 있지만, 이것도 절복 정신의 표

16) 악인이 태어나는 곳, 지옥 같은 곳.

현임이 분명하다.

그 밖에 절복 · 섭수와 비슷한 말로서는 『대집경(大集經)』 9에 상대를 칭찬함으로써 인도해 가는 '찬미 순설(讚美順說)'과 상대를 호되게 꾸짖음으로써 교도해 가는 '가책 역설(呵責逆說)'이라는 표현이 보인다. 나가르주나(龍樹)의 『대지도론』 9에도

"성질이 강해서 교화하기 어려운 때에는 거친 말을 쓰고, 마음이 부드러워서 제도하기 쉬운 경우에는 좋은 말을 사용하나니, 자비는 평등한 마음이라도 시기를 가릴 줄 아는 지혜는 방편을 쓰는 것이다."

라고 하여 '난화 추어(難化麤語)' · '이도 연어(易度軟語)'라는 말이 설해져 있다.

『열반경』에서는 고귀덕왕품 22에

"부처와 보살은 항상 세 가지 방법으로 중생을 제도한다. 셋이란 무엇인가. 첫째는 필경 연어(畢竟軟語), 둘째는 필경 가책(畢竟呵責), 셋째는 연어 가책(軟語呵責)이다. 이렇기 때문에 부처와 보살은 진실한 선지식이다."

라고 설하고, 이는 병에 따라 약을 주는 훌륭한 의사 같은 것이라 말했다. 범행품 20에서는 소승들은 대승 보살들이 갖고 있는 사무애지[17]가 없는데, 왜냐하면 세 가지 빼어난 방편이 없기 때

문이라 하여

"왜 성문(聲門)에 사무애지가 없는가. 성문들은 세 가지 선교(善巧)한 방편을 지니고 있지 못하기 때문이다. 첫째는 오로지 부드러운 말로 교화하는 일, 둘째는 오로지 거친 말로 교화하는 일, 셋째는 부드럽지도 않고 거칠지도 않은 말로 교화하는 일이다."

라고 했다. 또 성행품 19에서는

"만일 대승 경전을 비방하는 사람이 있으면, 마땅히 세력을 써서 굴복시키고 나서 『대열반경』을 읽게 하라."

고 말했다. 범행품 20에서는

"거친 말이나 부드러운 말이나 다 제일의(第一義)로 돌아간다."

고 하여 절복의 거친 말이건 섭수의 부드러운 말이건 그 돌아가는 바는 하나여서, 부처 · 보살의 중생 구제 또는 자비 실천의 표

17) ① 법무애 — 온갖 교법에 통달함. ② 의(義)무애 — 온갖 교법의 도리를 아는 것. ③ 사(辭)무애 — 여러 가지 말에 통달함. ④ 요설(樂說)무애 — 근기에 따라 설법하는 데 자재로운 것.

현이라고 보았다.

중국의 천태 대사 지의는 『마하지관』 10에서

"불법에 두 설이 있으니, 첫째는 섭수요, 둘째는 절복이다."

라고 하면서, 섭수의 보기로 『법화경』 안락행품(安樂行品) 14의

"타인의 호오 · 장단을 말하지 말라."

는 말씀을 들고, 절복의 보기로서는 『열반경』 금강신품(金剛身品) 5에 "정법을 지키기 위해서는 무기를 써도 좋다. 그것은 계율에 위배되지 않는다."고 한 말을 들어

"무기를 들고, 심지어 목을 베기까지 함은 절복의 뜻이니라."

고 해설하였다.

일본에서 특히 절복을 강조한 사람은 니치렌(日蓮)이었다. 그는 『개목초(開目鈔)』에서

"무지한 악인이 나라 안에 가득할 때는 섭수를 앞세우나니, 안락행품에서 보는 바와 같다. 그릇된 지혜로 정법을 비방하는 이가 많을 때는 절복을 앞세우나니, 상불경품(常不輕品)에서 보는 바와 같다.

말법(末法) 시대에는 섭수 · 절복이 있어야 하리니, 이른바 악국(惡國)과 파법(破法)의 나라가 있을 것이기 때문이다. 일본의 이 시대는 악국이거나 파법의 나라라고 알 것이니라."

고 설하였다. '무지한 악인' 이란 여느 사람이 인간적인 약점 때문에 악을 저지른 것을 가리키고, 그릇된 지혜로 정법을 비방한다는 것은 교활한 성격에서 악을 행하고 나서 악을 악으로도 알지 않는다는 것인바, 이것은 도덕률의 존재 · 진리의 존재 자체를 부정하는 것이 되므로 정법을 비방한다고 한 것이겠다.

도덕적 악을 범한 사람은 구하기 쉽지만, 이와 같이 선이라든지 악이라든지 진실이라든지 하는 것을 무시하고 달려드는 사람은 참으로 건지기 어렵기에, 불교에서는 때로 이런 사람은 구제의 가능성을 스스로 포기한 것이라고조차 보았다. 『무량수경』의 48대원 중에서 그 중심이 되는 18원에서도 "다만 오역(五逆)과 정법을 비방하는 사람은 제외한다."고 못을 박고 있는 바이다. '오역' 이란 부모를 죽인다든지, 부처님을 부상케 한다든지 하는 다섯 가지 극악의 범죄를 말한다. 도덕률이나 진리의 존재를 부정한 이로서는 이 책 첫머리에서 소개한 '육사 외도(六師外道)' 가 그 전형적인 보기이므로 『열반경』은 이것을 격렬하게 비판하고 있다. 그리고 때로는 이들이 오역 죄를 범한 이보다도 구제하기 힘들다고 하였다. 그것은 오역 죄를 범한 이라 해도, 마음에는 아직도 반성 · 참회할 여지가 남아 있는 까닭이다. 그 한 보기로서 아자세왕을 들 수 있다. 아자세왕은 아버지를 죽였거니와,

후일 붓다 앞에서 참회하였다. 범행품 20에 의하면 양심의 가책을 못 이긴 왕이 죄에서 벗어나는 길을 육사 외도들에게 물었을 때, 그들은 교묘한 말로 죄악이니 벌이니 하는 것은 존재하지 않는다고 설명하여 왕을 위로코자 했으나, 마지막에 붓다의 가르침을 듣고 참회하여 구제되기에 이르렀다고 한다.

니치렌은 이런 사지방법(邪智謗法)의 무리에 대해서는 섭수가 소용이 없고, 강하게 절복해야 한다고 주장했다. 나라에 대해서도 이것은 적용되는 것이어서, 단순한 악국이라면 섭수도 좋으나 파법(破法)의 나라는 절복해야 마땅하다고 보았다. 니치렌이 당시의 일본을 파법의 나라로 보고 이에 정면으로 도전했던 것은 누구나 아는 바이다.

우리는 불교의 자비에 '절복'이라는 격렬한 일면이 있음을 보아 왔다. 이런 성격은 "신은 사랑이다."라고 하여 사랑을 강조하는 기독교에서도 발견된다. 이를테면 성서의

> "내가 세상에 화평을 주러 온 줄로 생각하지 말라. 화평이 아니요 검(劍)을 주러 왔노라." (마태복음 10 : 34)

> "내가 불을 땅에 던지러 왔노라." (누가복음 12 : 47)

같은 말씀이 그것이다. 이런 말들은 신의 권위를 강조하려는 데서 나온 것이거니와, 불교에서의 절복은 극악한 사람들에 대한 교화 수단으로서 고안된 것이다. 이런 극악한 사람을 불교에서

는 익찬티카(icchantika, 一闡提)라 불렀다. 특히 도덕률 · 인과율, 일반적으로 말하면 진리의 존재를 부정하는 사람을 가리켰다. 그 뜻은 선근(善根)을 끊은 사람이라는 것이어서, 씨가 불에 들어간 것처럼 도덕적 요소를 온통 상실했다는 말이다. 이 익찬티카에는 공(空)을 오해하여 허무 공견(虛無空見)에 떨어진 소승교도도 포함되어 있다. 아니, 그런 니힐리스트야말로 다시는 구제될 수 없는 곤란한 존재라 하여 익찬티카 중의 익찬티카로 평가되었다. 『열반경』은 이런 익찬티카를 자주 문제삼으면서 불이(不二) 평등의 자비가 현실의 극악상(極惡相)에 어떻게 대처해 가는지를 밝히려고 애썼다.

악역(惡逆)의 절복

『열반경』 일체대중소문품 17은 익찬티카를 통하여 현실의 죄악상을 해명하였다. 춘다(純陀)가 붓다에게 마지막 공양을 드린 것이 계기가 되어, 보시(布施)에 관해 춘다와 붓다의 문답이 진행되면서 익찬티카의 문제가 논의의 대상이 된 것이다.

즉 춘다가 보시의 공덕에 대해 질문하자 붓다는

> "다만 한 사람을 빼고는, 다른 모든 사람에 대한 보시는 다 찬탄될 것이다."

라고 대답했다. 왜 한 사람을 빼야 하느냐는 춘다의 물음에 대해 익찬티카에 대한 보시는 공덕이 되지 않으므로 그렇게 말한 것이라고 했고, 춘다는 다시 익찬티카란 무엇이냐고 물었다. 그러자 붓다는 이렇게 대답했다.

"춘다여, 거친 말로 정법을 비방하고, 이 중죄를 짓고도 길이 회개함이 없고 부끄러워함이 없다면, 이 같은 사람을 가리켜 익찬티카의 길로 가는 이라고 부른다.

극악·악역의 죄를 짓고, 스스로도 이 같은 중죄를 범하는 줄 알면서도 마음에 조금도 두려워하거나 꺼려함이 없고, 부끄러워하지도 않고 참회하지도 않으며, 또 붓다의 정법을 호지(護持)하고 건립(建立)하려는 마음도 없어서 그것을 깨고 욕하고 가벼이 알고 천시하여서 천한 말을 많이 하는 사람도 익찬티카의 길로 가는 이라고 일컫는다.

이와 같은 익찬티카를 제외하고, 그 나머지의 모든 사람에게 보시하는 것은 찬탄된다."

현병품(現病品) 18에서는

"세상에 세 가지 고치기 어려운 병이 있다. 첫째는 대승을 비방하는 이, 둘째는 오역 죄, 셋째는 익찬티카이니, 이 세 가지 병은 세상에서 가장 무겁다."

고 설했다. 사상품(四相品) 7은

"믿음 없는 사람을 익찬티카라 한다. 익찬티카는 고칠 수 없다."

고 말했다. 또 범행품 20에서는

"인과를 안 믿고, 부끄러워하지 않고, 업보(業報)를 안 믿고, 현세(現世)와 내세를 무시하고, 착한 벗을 가까이하지 않고, 부처님의 가르침을 따르지 않는 사람들을 익찬티카라 일컫는다.

송장은 의사도 고칠 수 없듯이, 익찬티카는 부처님도 또한 건질 수 없는 것이다."

라고 해설하였다.

보살품 16은 익찬티카와 관련하여 '초종(焦種)'이라는 것을 논했다. 초종이란 불에 탄 씨를 말한다.

"오직 익찬티카만은 보리심을 일으키는 일이 있을 수 없다. 이를테면 불에 그을린 씨(焦種)가 몇천만 번 단비를 만난다 해도 끝끝내 싹을 틔울 수 없는 것과 같다.

익찬티카는 열반에 관한 미묘한 가르침을 듣는다 해도 끝내 보리심의 싹을 내지는 못한다.

이 사람은 일체의 선근(善根)을 단멸함이 저 불에 그을린 씨와 같아서, 보리의 싹을 틔우지 못한다."

익찬티카는 불성(佛性)은 있어도 보리심을 상실한 사람이므로 깨달음에 이를 수 없다는 것으로서, 이것을 다시 고치에 비유해서 설명하였다.

"익찬티카도 불성이 있기는 하나, 무량한 죄에 에워싸여서 거기에서 나오지 못하는 것은 마치 누에가 고치 속에 갇혀 있는 것과 같다. 그러므로 보리의 묘인(妙因)을 일으키지 못하고, 생사에 유전해서 끝날 줄을 모르는 것이다."

또 진흙 속의 구슬에도 비유했다.

"명주(明珠)를 흙탕물 속에 던지면 구슬의 위덕(威德)에 의해 물이 맑아진다. 그러나 이것을 진흙에 던지면 그 효능을 발휘하지 못하는 것과 같다."

이런 까닭으로 일체 중생은 동일한 불성을 지니고 있으면서도 차별이 있는 것이라고 결론을 내렸다.

이상과 같이 『열반경』은 익찬티카를 자주 문제삼고, 그것을 강하게 규탄하고 있다. 이것은 『열반경』이 다만 평등 자비 · 동일 불성만을 말하는 데 그치지 않고, 현실의 차별상을 잘 인식하여 거기서 평등 · 영원한 진리를 어떻게 활현하는가 하는 일에 관심을 집중하고 있음을 보이는 것이라 하겠다. 그리고 익찬티카와 같은 존재에 대해서는 강한 일격을 가하지 않을 수 없고, 거기서는 자비가 절복으로 나타나야 한다는 것을 앞에 든 여러 말들이 주장하고 있는 것이다.

우리는 여기서 사나운 말로 상대를 꾸짖는다든지, 때로는 격렬한 언사로 상대를 때리는 절복행이 과연 필요한지 어떤지를 다시금 생각해 보지 않으면 안 된다. 이것과 관련해서 생각나는 것은 2차 대전이 끝났을 때, '유럽에 고한다'는 제목으로 발표했던 토마스 만의 논문이다. 그 속에서 그는 지금까지 우리가 주장해 온 휴머니즘에는 약점이 있었고, 그 때문에 세계를 그릇된 방향으로 달려가게 했던 것이니, 우리는 더 강하게 세계의 움직임에 대해 규탄해야 옳았던 것이며, 그렇게 하지 못한 것은 우리의 책임이매, 이제부터는 더 전투적인 휴머니즘을 채택해야 한다고 말했다.

이것은 전쟁 시대의 일본에 취했던 우리의 태도에도 그대로 적용된다 할 것이다. 당시, 전쟁에 대해서 우리는 강하게 절복을 행하지 못했기 때문이다. 대체로 불교인은 관용의 정신이 많기 때문에, 그것이 도리어 권력과의 타협을 가져와 드디어는 일본이 그릇된 노선으로 나아가는 것을 방관하든지 아니면 그것에 끌려가고 말았다. 그런 의미에서 역시 절복이 필요했던 것이 아니겠는가.

또 니치렌은 절복과 관련하여 자비를 아버지의 사랑과 어머니의 사랑으로 나누어서 생각했다. 즉 '자'를 아버지의 사랑에 '비'를 어머니의 사랑에 해당시켰다. '비'에 해당하는 어머니의 사랑에서 말한다면, 이를테면 이제 어린애가 병을 앓고 있다고 할 때 "당장 받을 고통을 가엾이 알아서 뜸을 뜨지 않는 것과 같다."고 하였다. 당시에는 치료법의 하나로서 뜸을 중시했는데, 그것을 하면 병이 나을 줄 뻔히 알면서도, 그것 때문에 받을 어린애의 고통이 가엾어서 뜸을 뜨지 못하는 것이 어머니의 사랑 즉 '비'의 정신이다. 그러나 아버지의 사랑은 그렇지가 않아서, 일시적으로 어린애가 고통을 받을 줄 알면서도 그 병을 고치기 위해 뜸을 뜨는 데 주저하지 않는다. 이것이 '자'의 사랑이라고 하였다. 그리고 그는 아버지의 사랑이 곧 '절복'이요, 어머니의 사랑이 다름 아닌 '섭수'라고 보았다. 그리고 어머니의 사랑만으로는 애정은 마(魔)가 되고 만다고 주의를 환기시켰다.

이것과 관련하여 생각나는 것은 소아마비에 걸린 어린애의 경우이다. 흔히 목격하는 바에 의하면, 그런 아이를 가진 어머니는 아이가 불쌍하다고 생각하여 밖에도 내보내려 하지 않고 항상 자리에 눕혀 두는 일이 많은 것 같다. 그러나 그래서는 안 된다는 의사의 경고를 받고 억지로 아이를 일으켜 걷는 연습을 시키는 경우가 있다. 물론 당장은 그 애를 괴롭히게 되지만, 그런 엄격한 훈련으로 상실된 기능을 어느 정도 회복해 가게 된다. 이렇게 억지로라도 일으켜 걷게 하는 것, 이것이 진정한 사랑이요, 절복의 정신이라고 할 수 있다.

물론 강제로 볼기라도 때려 가며 걷게 하는 거친 행위가 곧 절복이 되는 것은 아니다. 소아마비에 걸린 아이를 훈련시키는 경우에는 반드시 그 애가 어떤 상태인지를 잘 관찰하고 회복해 가는 기능이 어느 정도인지를 항상 세심한 주의로 살피면서 훈련을 베풀어야 하는 것이다. 그런 관찰을 무시하고 다만 스파르타식으로 닦달만 한다면 백해가 있을지언정 일리가 없을 것임에 틀림없다. 또 절복은 그 배후에 어떤 극악인도 언젠가는 깨달을 수 있고 구제될 수 있다는 염원이 도사리고 있는 것이며, 그저 상대를 무자비하게 때려 눕히고자 하는 행위가 아니다. 말하자면 사랑의 채찍질이라는 것, 증오가 아니라는 것, 다만 상대를 쓰러뜨림으로써 쾌감을 느끼는 따위의 행동이 아니라는 것, 개인적인 분노에서 나온 인신공격이 아니라는 것을 알아 둘 필요가 있다.

그런 의미에서 절복은 속에 섭수를 지니고 있는 것이다. 바꾸어 말하면 대비(大悲)의 고통이며 개탄이요, 악인이 지옥에 떨어진다면 나도 그를 구하기 위해 지옥까지 동행하겠다는 통절한 심정이다. 익찬티카가 성불하지 않으면 나도 성불하지 않겠다는 비원이다. 그렇기에 '대비천제(大悲闡提)'라는 말까지 생겨난 것이다. 즉 보살은 대비 때문에 스스로도 익찬티카가 되어 버린다는 뜻이다. 5세기경에 성립한 것으로 여겨지는 『입능엄경』의 입일체법품(入一切法品) 2에 선근(善根)을 끊어 성불하지 못하는 사람으로서 익찬티카와 보살인 익찬티카의 두 종류가 있다고 하여

"온갖 보살은 본원(本願)의 방편을 가지고 일체 중생을 남김없이 열반에 들게 하고, 만약 한 중생이라도 열반에 들지 못한 이가 있다면 자기도 열반에 들지 않겠다고 원하는 것이다. 이도

또한 익찬티카의 부류에 주(住)하는 사람이다."

라고 설했다. 『열반경』은 익찬티카를 강하게 치면서도 사실은 그것이 대비에서 나온 고통이며, 그런 존재도 마침내는 구제되도록 바라는 절실한 비원임을 다음에서 밝히고 있다.

대비(大悲)의 고통

범행품(梵行品) 20은 오역 죄를 범한 아자타샤틀 왕에 관해서 붓다로 하여금

"나는 이제 이 왕 때문에 세상에 머물러 무량한 때가 되도록 열반에 들지 않으리라."

고 이야기하게 하고 있고, 또 익찬티카에 대한 보살의 비원을 자식에 대한 부모의 사랑에 비유해서

"이를테면 부모가 자식의 죽음을 슬퍼해서 죽음을 같이하려는 것과 같이 보살도 또한 그러하여, 익찬티카가 지옥에 떨어지는 것을 보면 역시 지옥에 함께 태어나고자 원한다."

고 설했다. 사자후보살품 23에서는 중생 일반에 대한 보살의 대비(大悲)를 밝혔다.

"보살은 깊이 생사의 괴로움을 알고 대열반의 큰 공덕 있음을 이해하건만, 온갖 중생을 위하는 까닭에 생사 속에 있으면서 갖가지 고통을 받는바, 그러면서도 마음에 퇴전(退轉)함이 없다. 이를 보살의 불가사의라고 일컫는다."

이리하여 일체 중생의 괴로움은 그대로 여래나 보살 한 사람의 고통으로서 받아들여지므로, 가섭 보살품 24는

"자진하여 생사에 주함은 자비 때문이다."

"일체 중생이 고통을 받음은 모두가 곧 여래 한 분의 고통이 된다."

고 설했다.

니치렌은 이 말을 인용하여,

"열반경에 이르되, 일체 중생이 고통을 받음은 모두가 여래 한 분의 고통이 된다. 니치렌은 말하노니, 일체 중생이 고통을 받음은 모두가 곧 니치렌 한 사람의 고통이 된다 하여야 되리라."

고 했다. 니치렌은 누구보다도 절복을 강조하여 열렬한 종교적 실천 속에서 그 일생을 마쳤다. 그러나 그 마음의 밑바닥에는 인

생의 무상에 대한 체념과 인간의 죄악과 고통에 대한 슬픔이 넘치고 있었다. 더욱이 그는 자기를 높은 데에 놓고 인생을 방관하는 것이 아니라, 스스로도 그 한 사람으로서 고뇌하고 죄를 슬퍼했다. 이제까지 니치렌의 이런 면이 주의되지 않았거니와, 그의 편지 따위를 읽어 보면, 그런 심정이 은연중에 나타나 있음을 알게 된다. 특히 자기의 약점 때문에 우는 사람, 병으로 고생하는 사람, 남편을 잃거나 자식을 잃은 부인네에 대해서는

"생각나서 눈물도 그치지 않으며……"

"나타낼 말씀도 없습니다."

라는 말로 함께 울고 아파하였다. 니치렌은 '깨달음의 슬픔'이라는 것을 주장했다.

"슬퍼하심이 범부로서 당연합니다. 석가께서 입멸하실 때, 여러 대제자들이 깨달은 이의 슬픔을 보이신 것은 범부의 소행을 나타내심일까요."

이는 곧 대비(大悲)의 고통이다.

앞에서 중생에 대한 불·보살의 자비는 평등 일자(一子)의 사랑임을 보았거니와, 여기서는 그것이 특히 죄에 빠진 사람들에 대한 비애(悲愛)가 되었다. 범행품 20에서는

"이를테면 일곱 자식 중의 하나가 병에 걸렸을 때, 부모 마음이 평등하지 않음은 아니건마는, 병든 자식에게 마음이 더 쏠리는 것처럼 여래도 또한 그러하다. 온갖 중생들을 대하는 마음이 평등하지 않은 것은 아니지만, 죄인에게 특히 쏠리는 것이다."

라고 하였다.

이상에 의해 우리는 극악 무도한 익찬티카에 대한 가책 · 절복은 대비의 고통임을 알았다. 다시 말하면 절복이란 세상에 진실과 정의를 확립하려는 원행(願行)이며, 그것을 파괴하는 사람을 각성케 하려는 비행(悲行)이라 할 수 있다. 따라서 절복이란 공격도 침략도 아니며 정복하는 것도 아니다. 또 미움 · 시기 · 증오도 아니다. 이와 관련해서 생각나는 것은 니치렌이 "그릇된 지혜로 정법을 비방하는 이가 많을 때에는 절복을 앞세우나니, 상불경품과 같다."라고 한 말이다. 상불경품이란 『법화경』 20장(章)의 편명이니, 상불경 보살에 대한 이야기를 다룬 것이다.

즉 옛날에 한 보살이 있어서 만나는 사람에게 열이면 열 이런 말을 하였다.

"나는 결코 당신을 경멸하지 않습니다. 당신은 반드시 부처님이 되실 것이기 때문입니다."

이렇게 말하면서 그는 상대를 향해 예배했다. 그래서 '상불경(常不輕)' 이라는 이름이 그에게 붙은 것이다. 사람들 중에는 도리어 그에게 폭행을 가하는 이도 있었으나, 그는 그러면 그럴수록 더욱 소리 높이 그 소리를 되풀이하였다고 한다. 이런 상불경

보살의 행위가 절복의 전형이라고 니치렌은 주장했다. 이것으로도 알 수 있듯이 절복이란 폭력에 폭력으로 대하는 것이 아니라, 어디까지나 상대의 인격을 존중하고 상대의 불성(佛性)을 존경하여 그것에 합장 예배하는 일이다.

따라서 절복은 결코 개인에 대한 인신공격이 아니며, 정의가 흐려지는 것에 대한 공분(公憤)이어서 사적(私的)인 증오 · 원망과는 다르다. 이것은 니치렌도 강하게 경계하고 있는 점이어서 제자들에게

> "비록 남이 욕을 해도 한두 번은 못 들은 체하고, 세 번이나 거듭되거든 그때에는 얼굴을 변하게 하지 않고 거친 말이 아닌 부드러운 말로 우리는 한 곳에 사는 친구요, 나는 아무 원한도 지닌 바 없다고 말하라."

고 타일렀다.

앞에서 익찬티카는 성불하지 못한다고 설해진 것을 보았지만, 이것도 교도하기 위한 방편으로 그렇게 말했던 것이다. 익찬티카라 해도 그 속에 불성이 있기는 마찬가지이므로, 그 불성이 계발되어서 언젠가는 반드시 깨닫게 되리라 하는 것은 그것이 불교인 이상 확신되고 있는 바이다.

다시 말하면 어떤 경우에라도 인간에 대한 신뢰를 포기하지 않는 것, 이것이 붓다의 가르침이라 할 수 있다. 고귀덕왕보살품 22를 보면

"일체 중생은 누구나 불성을 지니고 있다. 무거운 죄악을 참회케 하고, 정법에 대한 비방을 제거하고, 오역 죄를 없애고, 익찬티카를 멸한 다음에야 무상(無上)의 깨달음을 성취할 수가 있다. 이를 심심(甚深) 비밀의 도리라 일컫는다."

라고 하여, 포악 무도한 이를 눈뜨게 하여 반드시 깨달음에 이르게 할 수 있다는 확신이 피력되었다. 그리고

"익찬티카는 결정적인 것이 아니다. 만약 결정적인 것이라면, 이 익찬티카는 마침내 최고의 깨달음을 얻지는 못하고 말리라. 그러나 그것은 결정적인 것이 결코 아니므로 그들도 깨닫게 되는 것이다. 무거운 죄악을 범하는 이, 대승의 가르침을 비방하는 이, 오역 죄를 범하는 이도 결정적인 것은 아니다. 그러므로 누구나 다 최고의 깨달음을 획득하게 된다."

라고 하여 익찬티카라 해도 영구히 그렇게 정해져 있는 것이 아니며, 따라서 언젠가는 눈뜨고 깨달을 수 있음을 밝혔다.

평화의 실현

불토의 개발

『열반경』 고귀덕왕보살품 22에는 '정불국토(淨佛國土)'에 대한 보살의 서원이 설해져 있다. 그것을 뽑아 보면 다음의 열 가지이다.

온갖 중생의 수명이 길고 힘에 지장이 없기를.

국토가 아리땁고 중생이 풍성하게 살아 만족하기를.

국토의 중생이 탐 · 진 · 치가 없고 또 굶주리는 고통이 없기를.

국토에 꽃나무 · 과일 나무 · 향나무 등이 있고 온갖 중생의 목소리가 아름답기를.

국토의 온갖 중생이 항상 서로 화합하고 정법(正法)을 강설(講說)하기를.

토지가 편편하고 온갖 중생이 또한 평등하기를.

국토의 온갖 중생이 고뇌가 없기를.

국토의 온갖 중생이 질투하거나 해하는 마음 · 그릇된 견해를 지니지 않기를.

국토의 온갖 중생이 다 대자 대비를 닦아 일자지(一子地)[18]를 얻게 되기를.

국토의 온갖 중생이 다 큰 지혜를 얻어 깨달음에 이르기를.

'정불국토' 란 부처님의 국토를 정화한다는 뜻이다. 세계는 영원의 견지에서 볼 때 부처님의 나라이거니와 그것을 현실 위에 구현하는 것, 불교 용어로 말하자면 '장엄(莊嚴)' 하는 것이 이 세상에 삶을 받은 이의 임무이며, 그래서 '불국토장엄' 이니 '정불국토' 니 하는 말이 쓰이게 되는 것이다. 한마디로 말해서 정불국토란 불토(佛土)의 개발이다. 대승 불교에서는 개인의 깨달음에 그치지 않고 사회의 정법화(正法化), 거꾸로 말하면 정법의 사회화를 강조하였다. 즉 정법 사회의 실현이다. 그러면 정불국토 · 불국토장엄의 구체적 양상, 바꾸어 말하면 어떤 내용을 가진 사회가 정법 사회인가 하는 것이 문제로 떠오르거니와, 그것에 대해서는 앞에 인용한 보살의 서원이 웅변으로 대답하고 있

18) 중생을 자기의 외아들처럼 평등하게 사랑할 수 있는 경지.

다고 할 수 있다. 거기에서는 자유 · 평등 · 박애 · 평화가 구가되고, 그리고 물질적으로도 풍요한 세계가 소망되고 있음을 알게 된다.

일찍이 불교가 주장하는 정법(正法)을 현실에 살려서 정법 국가의 실현을 위해 노력한 사람으로서 아소카 왕이 있다. 그는 찬드라굽타(Candragupta)의 손자로 그가 왕위를 계승했을 때, 마우리아(Maurya) 왕조는 일대 제국으로서 전성기에 도달해 있었다. 그러나 찬드라굽타가 통일 국가의 건설에 성공한 이면에는 인류의 평화와 행복이라는 견지에서 볼 때 많은 문제점이 있었던 것이 사실이었다. 또 아소카 왕 자신도 칼링가(Kaliṅga) 국을 칠 때, 몇십만의 적을 죽인 것이 사실이었다. 국토 확장에 따르는 이런 비참한 폐해는 아소카 왕의 예민한 양심을 찌르는 칼날이었다. 그래서 그는 어떻게든 이 참사를 해소하고 또 자기도 속죄하고자, 마침내 불교를 국가 정치 속에 맞아들인 것이다. 따라서 그에게 종교와 정치의 결부는 종교의 힘으로 국가 권력이나 국왕의 권위를 성화하자는 것이 아니었고, 거꾸로 종교에 의해 국가 권력의 남용을 막아 자애와 평화로 충만한 사회를 형성코자 한 것이다.

아소카 왕이 정치 이념으로써 불교를 택한 것은 불교야말로 그런 이상을 표방하고 있으며, 또 그것을 실현하는 원동력이 될 수 있다고 보았기 때문이었다. 그는 불교 정신에 입각하여 우선 왕으로서의 자기를 규정했다. 그리하여

"나는 일체 세간의 이익을 증진하는 것을 의무라 생각한다."

(十四章法勅 6)

고 말하고

"실로 일체 세간을 이롭게 하는 것보다 숭고한 사업은 없다. 따라서 내가 하는 어떤 노력도 모두가 한결같이 국민들에게 진 내 채무를 반환하기 위함이다."

라고 토로했다.

다음으로 '법대관(法大官)'이라는 관직을 만들어 각지에 배치하여 그들로 하여금 민중에게 법을 지키도록 권하게 하였으며, 또 인종 · 계급 · 노소 · 남녀의 차별 없이, 그리고 죄수에 이르기까지라도 그들의 이익과 안락을 도모해 주도록 했다. 한편 지방장관을 5년마다 지방 순시에 내보내

"어떤 때라도 백성이 이유 없이 해를 받거나 이유 없이 고역을 치르는 일이 없도록 하라." (別刻法勅 1)

고 하였다. 이 지방 순찰에는 포악하지 않고 악랄하지 않아서, 그 행동이 온화한 관리를 배치하였다. 또 왕은 변경의 이민족이나 종 같은 하층 계급도 안락하게 살고 아무런 고통도 받는 일이 없도록 마음을 썼다.

아소카 왕의 불교에 의한 정치는 구석구석에까지 미쳤다. 이를테면 될 수 있는 대로 죄수를 석방하려 애썼고, 사형수에 대해서는 사흘간의 여유를 주어 반성토록 했다. 그리고 형벌이 가혹하게 되는 것을 경계했으며, 가난한 사람들을 위해서는 시료원(施療院)을 세우고, 여러 지방에 약초를 재배하게 했다. 그뿐 아니라 많은 나무를 심고 우물을 파고 휴게소를 설치하여 사람과 가축이 더위를 피할 수 있도록 배려하기까지 했다. 그가 동물에 대해 실시한 불살생(아힘사) 제도는 철저해서, 식용상 부득이한 때라도 새끼를 밴 것, 젖을 먹이는 기간에 있는 것, 생후 6개월이 되지 않는 것을 죽이는 일은 모두 금지했다. 그리고 또 하나 특기해야 할 일은 불교에 의한 정치를 추진하면서도, 국가의 권력을 가지고 불교를 국교의 지위에까지 받들어 올린다든지, 다른 종교를 억압한다든지 하는 행위는 절대로 피했다는 점이다. 그는 어디까지나 신앙의 자유를 인정하고, 또

> "자기의 종파를 빛내고자 하여, 자기의 종파만을 찬양하고 다른 종파를 비난하는 사람은 이렇게 함으로써 도리어 자기의 종파를 손상시키는 사람이다." (十四章法勅 12)

라고 경고하였다.

일본에서 정법 국가의 수립을 주장하고 나선 사람은 니치렌(日蓮)이었다. 그는 민중의 행복은 개인의 마음씨만으로는 실현되지 않고, 사회 · 국가의 정치 체제 개선, 즉 정법 사회 · 정법

국가가 되지 않고서는 불가능하다고 생각해서 그 건설에 마음을 썼다. 그러나 그는 위정자도 아니요 제왕도 아니었으므로, 자기의 의도를 당시의 집권자에게 진언하는 형식을 취할 수밖에 없었다. 그것이 『입정안국론(立正安國論)』이다. 그러나 사실은 여기에 아소카 왕에게서는 일어나지 않았던 난관이 있었다. 그것은 아소카 왕이 집권자인 까닭에 정법의 실천이 용이하였음에 비해, 니치렌의 경우는 피지배자의 위치에 있었으므로 만약 지배자가 니치렌의 진언을 받아들이지 않을 때에는 탄압을 받아야 할 가능성도 있었다는 사실이다. 그리고 실제로 그대로 되었다.

종교가 어디까지나 개인의 구제에만 한정되는 것이라면 문제가 없겠으나, 만약 사회의 구제까지도 자기의 임무로 삼는다면 이 과정에서 개인을 대상으로 한 가르침이나 계율이 통용되지 않는 경우가 생기는 것은 당연한 귀결일 터이다. 이를테면 정법의 유포에 힘쓰다가 권력자에 의해 무력으로 탄압을 받게 될 때, 또는 집권자가 무력을 가지고 정법을 파멸시키려 들 때, 이쪽에서도 무력으로써 대항해도 좋은가, 아니면 수수방관해야 하는가. 만약 무력에 의한 방위를 허용한다면 여느 때에도 자기 방위를 위한 무기 사용은 허락되어야 하지 않겠는가. 또 정법에 귀의하기를 설득해도 전혀 듣지 않고 악만을 행하는 이에게는 설득을 단념해야 하는가. 그렇지 않으면 무엇인가 강력한 수단으로 상대를 억압해도 되는가. 이 밖에도 이와 같은 문제가 허다하거니와, 재미있는 일은 『열반경』이 이런 문제들을 정면에서 다루어 해답을 내리고 있어서, 니치렌은 『입정안국론』 저작에 즈음

하여 『열반경』의 이 부분을 그 전부라고 해도 좋을 정도로 인용하여 자기의 지침으로 삼았다.

무력의 문제

금강신품(金剛身品) 5에서 카샤파(迦葉)는 어떻게 함으로써 금강불괴(金剛不壞)의 법신(法身)을 성취할 수 있느냐고 물었다. 즉 어떻게 함으로써 현실 사회에서 영원의 진리(정법)가 확립되겠느냐는 문제이다. 이 물음에 붓다는 이와 같이 대답하였다.

> "정법을 잘 수호하는 인연으로 금강신을 성취할 수 있다. 정법을 수호하는 사람은 오계를 받지 않고 위의를 닦지 않아도 된다. 그 대신 칼 · 활 · 창을 들고, 계를 지키는 청정한 비구를 수호하라."

정법의 확립을 위해서는 무엇보다도 정법을 수호할 필요가 있으며, 따라서 때로 무력을 쓰는 일도 허용된다는 것이다. 그래서 카샤파는 반문했다.

> "홀로 고요히 산 속에 틀어박혀 있는 이라야 진정한 비구라 이를 것이며, 수호자에게 에워싸인 행자(行者)라면 이는 독거사(禿居士)가 아니겠습니까."

독거사란 독인(禿人)이라고도 하는데, 파계승을 가리키는 말이다. 붓다는 이렇게 말했다.

"독거사라고 해서는 안 된다. 비록 경전을 읽고 좌선에 힘쓰고 계율을 지킴이 청정하다고 해도 사자후를 하지 못한다면 악인에게 항복을 받지는 못하리니, 이 같은 비구는 무익한 존재니라."

그리고

"비구 · 비구니 · 선남 · 선녀인 이는 오로지 정법을 수호하라. 호법(護法)의 과보는 광대 무량하다. 그러므로 호법하는 신자는 무기를 가지고 비구를 옹호할 일이다. ……오계를 지키지 않더라도 정법을 지키는 이는 곧 대승의 교도라고 일컫는다."

라고 하여 정법 호지(護持)를 강조하고, 신자는 정법을 무기로 지킨다 해도 파계가 되지 않는다고 주장했다. 카샤파는 그래서 비구 쪽의 그것을 문제삼아

"비구가 무기를 가진 신자를 옆에 두는 것은 파계가 안 되겠습니까?"

라고 물었다.

"파계가 되지 않는다."

붓다는 대답했다.

"무기를 가진 재속 신자를 반려로 하는 것은 허용된다. 또 국왕 · 대신 · 신자들이 호법을 위해 무기를 지닌다 해도 계율을 준수하는 것으로 간주된다. 단 무기를 지닌다 해도 남의 목숨을 끊어서는 안 된다."

즉 출가자는 스스로 무기를 잡지 못하지만 정법을 수호하기 위해서는 무기를 지닌 재속 신자의 도움을 받을 수 있으며, 신자는 정법 호지를 위해 무기를 잡을 수는 있어도, 될 수 있는 대로 상대의 목숨을 끊는 일이 없도록 해야 된다는 것이다.

성행품 19에서는

"인연이 닿으면, 계를 깨뜨리는 일도 있을 수 있습니까?"

라고 하여 '파계'의 문제가 도마에 오르는데, 사람들을 깨달음에 들게 하기 위해서는 계를 깨뜨리는 일도 있을 수 있어도, 보살은 파계의 죄로 자기가 지옥에 떨어지는 한이 있어도 중생을 도(道)로 이끌어 들이는 데 필요하다면 파계를 피하지 않는다고 해설되었다.

"보살은 이런 생각을 해야 한다. 나는 차라리 지옥에 떨어져 벌을 받는다 해도 사람들로 하여금 무상도(無上道)로부터 퇴전(退轉)함이 없게 하겠다고. 이런 인연으로 보살은 청정한 계율을 깨는 수도 있다."

여기에는 정법의 확립과 그것에 의해 중생을 구제코자 하는 진실한 염원이 엿보인다. 이런 생각이 한걸음 나아가서는 정법 호지를 위해서라면 무력 행사도 가하다는 생각을 낳은 것이겠다. 그러나 이것을 무력 사용을 일반적으로 합법화시킨 것인 듯 알아서는 안 될 터이다. 아무리 정법 호지를 위해서라도 그것은 만부득이한 경우, 즉 상대가 무력으로 정법을 말살하려 드는 그런 위기에 한하는 것이며, 더구나 그것이 종교라는 미명하에 전쟁을 일삼는 것일 수 없음은 말할 나위도 없는 것이겠다. 우리는 여기서 불교가 강조하는 아힘사(不殺生)의 정신을 회상해 볼 필요가 있을 것이며, 앞에서 절복의 이면에는 자비가 깃들어 있다고 지적한 것을 다시금 생각해 보아야 할 것이다. 어떤 경우에라도 불교인이 지녀야 하는 것은 자비의 정신이며, 익찬티카를 절복하는 경우에도 그를 깨달음으로 이끌고자 하는 자비행이었듯이, 부득이 무력으로 정법을 수호하는 일이 생긴다 해도 그것이 증오감에서 나오는 것이어서는 안 됨이 분명하다.

불교에서는 집착을 배격하므로, 그 속에는 이념에 대한 집착까지도 포함되는 바이나, 무력이라는 문제를 생각하는 데도 고정적 · 일률적으로 논해서는 안 될 것이다. 국가가 군비에 광분

한 나머지 민생을 돌보지 않는 것은 잘못이며, 이상적으로 말하자면 군비 없는 사회가 오는 것이 불교의 사회관 · 국가관이라고 할 수 있다. 그러나 이것은 어디까지나 이상이요 목표일 뿐, 현실적으로 어느 시대 어느 나라에서나 가능한 일은 아니다. 적대국이 엄존하는 나라에서 군비를 철폐한다면, 그것은 도리어 국가를 파국으로 몰고 국민을 적의 노예로 만들 위험성이 있다. 그러기에 여기서도 중요한 것은 현실의 특수성에 대한 인식, 앞에서 강조한 차별상의 투철한 파악이라 하겠다.

이와 관련해서 『열반경』은 계율의 문제에 대해 설명을 가하고 있다. 무릇 계율이란 처음부터 한번에 제정된 것이 아니라 승단 안에 사건이 일어날 때마다 그것에 응해 만들어진 것이다. 따라서 소승의 일부에서 볼 수 있는 것처럼 시대 · 사회의 상황을 무시하고 고정적 · 일률적으로 준수하는 태도는 적어도 대승 불교로서는 취하지 않는 바였다. 소승 교도 중에서는 현재의 시점에서는 안 된다고 여겨지는 일도 계율에 금지되어 있지 않다는 이유만으로 해도 좋다고 생각한다든지, 현재로서는 적당치 않다고 여겨지는 일도 계율에 규정되어 있으니까 지켜야 한다고 생각하는 이가 더러 있다. 『열반경』 사상품(四相品) 7은 이 계율을 다루어, 대승의 태도를 밝히려고 애썼다. 이를테면 '육식'에 대해 카샤파와 붓다가 주고받는 말을 들어보면 다음과 같다.

"붓다께서는 왜 육식을 허락하시지 않는 것입니까."

"육식은 대자(大慈)의 씨를 끊는다."

육식은 자비의 정신과 근본적으로 어긋난다는 뜻이다.

"그러면 어째서 비구들에게 세 가지 정육(淨肉) 먹는 것을 허락하셨습니까."

"일과 사정에 따라 정하는 것이니라."

세 가지 정육이란 자기를 위하여 죽이는 것을 보지 않은 고기, 자기를 위하여 죽였다는 말을 듣지 않은 고기, 자기를 위하여 죽였다는 의심이 들지 않는 고기인바, 병든 비구에게 한해 그것을 허용했다. 이것을 보아도 붓다의 계율이 무정한 철칙이 아님을 알 수 있다.

"붓다여, 만일 육식을 금하신다면 소금, 젖, 기름, 옷, 그릇 같은 것도 보시받아서는 안 되지 않겠습니까."

"저 니간타(자이나교의 교조)의 견해(고행주의)에 동조해서는 안 된다. 내가 정한 바 일체의 계율에는 제각기 다른 의도가 있느니라. 보살은 세상을 이끌어 가기 위해 때로 고기를 먹는 수도 있다. 그러나 먹는다 해도 그 맛에 집착함은 아니니라."

계속해서 카샤파는 계율의 제정에 대해 질문했다.

"왜 앞서서 한 번에 모든 계율을 제정해 두지 않으십니까. 그렇지 않으시면 많은 사람이 어떻게 해야 옳은지 망설이게 되고, 또 그릇된 길에 떨어지게 되지 않겠습니까."

그러나 붓다는 계율이란 그릇된 행위를 하는 이가 나타날 때마다 거기에 응해 정하는 것이라고 설명하였다.

다음으로 카샤파는 붓다가 일찍이 장가들어 아이를 낳은 것에 대해 묻자, 붓다는

"세법(世法)에 수순(隨順)하기 위해 이 세상에 나타난 것이다."

라고 대답했다.

이상이 계율에 관해 사상품에 설해진 내용이다. 이것에 의해 『열반경』이 말하고자 한 의도가 무엇인지 대체로는 추측될 터이다.

세 가지 정토

무릇 이 세계가 무상 · 고(苦)의 세계임은 부정할 수 없는 사실이다. 따라서 이 세계와 대립하는 곳에 영원의 극락 정토(極樂淨土)가 구하여지고, 범부인 우리와 대립하는 구원(久遠)의 붓다가 피안(彼岸)에 수립되는 것 또한 자연스러운 추세라 아니 할 수 없을 것이다. 거기에 갈 수 있는 곳으로서의 정토, 그 속에 안길 수 있는 대상으로서의 구원불(久遠佛)이 단순히 허구 또는

관념의 산물이라고만 단정할 수 없음은 현실 세계의 악의 양상 또는 고의 양상이 환상이 아니라 사실인 것과 같다고 할 수 있겠다.

그러나 고와 낙 · 악과 선 · 무상과 상주 · 범부와 부처 · 사바와 정토라는 따위로 두 가지 것을 대립시켜서 생각하는 것은 아직도 참으로 깨달은 것이 아니라는 말이 여러 경전에 설해졌고, 『열반경』에서도 강조되고 있음은 이미 살펴본 대로이다. 즉 진정한 해탈 · 열반의 경지 · 영원의 세계는 그런 이원(二元)의 대립을 초월한 곳에 있다고 간주되었다. 다시 『열반경』의 말씀을 듣자면, 사자후보살품 23에

"세법(世法)과 열반은 대립하지 않는다."

고 설해져 있는 바와 같다.

이와 같이 이원(二元) 상대를 초월한 곳이 진정한 영원의 세계라는 말은 바꾸어 말해서, 정토는 이 세계에 즉응하여 이 세계의 바로 여기에 있다는 이야기가 된다. 『유마경』에서는 마음이 청정해지면 그것이 파악된다고 했고, 천태(千台) 같은 데서는 이런 절대적 세계(淨土)를 상적광토(常寂光土)니 본지(本地)[19]의 사바니 본토(本土)[20]라고 불렀다. 『열반경』도 차토 정토(此土淨土)를 주장했다.

19) 가(假)의 세계인 이 세계에 대하여 절대적인 세계.
20) '본지' 와 같음.

그러나 '생사 즉 열반', '사바 즉 적광(寂光)' 또는 '차토가 곧 정토'라고 설해졌다 해서, 이 사바 세계가 그대로 정토이며 그 밖에는 따로 정토가 없다고 한다면 이것 또한 잘못이라고 아니 할 수 없다. 왜냐하면 처음에도 말했듯이 이 세계는 무상 · 고 · 더러움에 차 있는 까닭이다. 그렇다면 '사바 즉 정토'를 어떻게 이해해야 할까. 이것에 대해 참고가 되는 것의 하나로 겐신(源信, 942~1017)의 저작이라는 『관심약요집(觀心略要集)』의 다음과 같은 말을 들 수 있겠다.

"사바를 떠나고자 아니하면서도 이를 떠나고, 극락을 구하지 않으면서도 이를 구한다. 공이라 해도 왕생(往生)하고, 왕생한다 해도 공일 뿐이다."

즉 구하지 않는다는 것은 바꾸어 말해서 정토는 여기에 있고 영원의 삶 또한 현재에 있다는 것이다. 진정한 정토는 이 세계에 대립하여 어느 저쪽에 있다든지, 미래의 어디에 있다든지 하는 그러한 시간 · 공간의 한정을 넘어선 불이(不二) · 공(空)의 것으로서 존재한다는 말이다. 그러나 한편으로는 구한다고 했으니, 그렇다고 이 세상 그대로가 정토인 것은 아니므로 그런 의미에서는 피안에 정토를 구할 수도 있다는 것이다.

정토는 단순히 이 세계에 대립하여 존재하는 것도 아니요, 그렇다고 단순히 이 세계 자체인 것도 아니다. 좀 적극적으로 말한다면 그것은 우리 앞에 존재하는 이 세계인 동시에 죽음으로써

갈 수 있는 저쪽의 세계이기도 할 터이다. 『열반경』 고귀덕왕보살품 22에도

> "그 땅의 모든 장엄은 일체 평등하여 차별이 있음이 없으니, 서방의 안락 세계와 같고 동방의 만월 세계(滿月世界)와 같다. 나는 그 땅에서 세상에 출현하리라."

고 하여 피안의 정토가 설해져 있다.

천태 대사도 정토의 현실화를 설했으면서, 죽을 때에는 서방 정토를 염(念)했다고 한다. 그러나 죽은 다음에 태어나는 정토는 현세에서 이미 그 속에서 살고 있는 정토임에 틀림없다. 이 있는 정토와 가는 정토는 붓다 측에서 볼 때는 완전히 하나의 세계일 뿐이다. 무릇 붓다에게는 미래란 언제나 영원의 현재이며, 피안은 항상 영원의 차안(此岸)이기 때문이다.

우리의 처지에서 말한다면, 유한 · 대립 속에서 살아야 하는 인간 세계에 있을 동안은 신앙에 의해 무한 · 절대의 정토에 침잠하는 것이며, 죽었을 적에는 그것들을 떨쳐 버리고 그 절대의 세계로 가게 되는 것이다.

그런데 마지막으로 또 하나의 정토가 있음을 잊어서는 안 된다. 그것은 앞에서 보았던 '정불국토(淨佛國土)' 이다. 즉 불토를 정화하는 일이며, 정토를 실현하는 일이다. 불토의 개발이며, 정토의 구현이다.

『유마경』과 『열반경』에 그것이 나타나 있음은 이미 말했거니

와, 『법화경』에도

"불토를 정화하기 위해 항상 정진하여 중생을 교화한다."

(五百弟子授記品 8)

"소욕(小慾)이어서 생사를 싫어하건만, 스스로는 불토를 정화한다."

라는 따위의 말들이 보인다. 신앙에 의해 절대적 세계에 몰입하는 것만으로는 충분치 않고, 목숨이 있는 한은 영원의 이상 세계(淨土)를 실제로 이 현실 사회에 구현해야 한다는 것이다. 불성(佛性)에 관해 말한다면, 『열반경』에 '불성 상주'가 설해지면서도 한편으로는 보리심을 일으키는 것, 즉 불성의 개발이 설해진 이유도 여기에 있다. 이 현실 사회에 실현되는 정토는 앞에서 든 있는 정토 · 가는 정토에 대해 '이루는 정토'라 할 수 있을 것 같다.

인간계는 십계(十界)[21]의 중간에 놓여 있어서, 극락에서 볼 때는 악 · 고의 방향에, 지옥에서 볼 때는 선 · 낙의 방향에 존재하는 것으로 여겨진다. 한마디로 말해서 인간은 중간적 존재이다. 이것은 복잡 다양한 대립 · 차별상을 지닌 채 두 극단 사이를 왔다갔다 한다는 말이기도 하다. 차별의 여러 모습으로 가득 찬 인

21) 부처의 세계 · 보살의 세계 · 연각의 세계 · 성문의 세계 · 천(天)의 세계 · 사람의 세계 · 아수라의 세계 · 귀신의 세계 · 축생의 세계 · 지옥의 세계. 천태종의 주장.

간계는 전체적으로 보아 절대 · 무차별의 영원계에 의해 초극되어야 할 유한 · 불완전한 가(假)의 세계라 할 수 있다. 이 인간계에 삶을 받은 우리는 영원한 세계를 마음으로 믿으며 체득함으로써 유한한 인간을 넘어선 경지에 몰입(있는 정토)하는 것이요, 죽음으로써 몸과 마음이 아울러 인간계로부터 해방되어 영원 자체의 세계에 가는(가는 정토) 것이다.

그러나 한편 우리가 인간계에 머물러 있는 동안에는 인간계의 다양한 차별상을 통해서 영원을 구현(이루는 정토)하고자 노력해야 한다. 그것이 우리가 다해야 할 업(業)이요, 우리에게 주어진 사명이어서, 거기에 인생의 의의가 있고, 목적이 있고, 생활이 있는 것이다. 비유로써 말한다면, 음질과 음량이 다른 여러 악기가 저마다 제 파트를 연주하면서 전체적인 하나의 음악 세계를 실현하고자 힘쓰는 교향악 같은 것이라고 할 수 있겠다.

인간계의 차별상 중에는 빈부 · 귀천과 같이 이 세상에서 제거할 수 있고 또 제거하지 않으면 안 될 것이 많다. 한편 노유 · 남녀 · 부모 · 자식 · 자타 · 물심 따위의 구별은 인간계의 본질을 이루는 것이어서, 그런 차별상을 통해 전체적인 하나의 묘법(妙法)의 세계를 구현하는 것이 우리의 운명이요, 그러한 의무를 띠고 우리는 인간 세계에 태어났다고 할 수 있다. 『열반경』은 이런 인간 세계 · 인간 존재의 해명에 힘을 기울이는 동시에 우리에게 인생의 발판과 생활의 지침을 제공하고자 애쓴 경전이다.